Empower

What Happens When Student Own Their Learning

John Spencer, A.J. Juliani

# あなたの授業が子どもと世界を変える

## エンパワーメントのチカラ

ジョン・スペンサー
A・J・ジュリアーニ
吉田新一郎 訳

新評論

# まえがき

(ジョージ・クーロス)[1]

最近、ある教師が伝統的な教育の仕方についてと「コンプライアンス」は生徒にとって決して悪くはない、と話すのを私は聞きました。さらに彼は、生徒たちは「服従」すべきだとも言ったのです。

私は、少し身がすくみました。

本当のことを言えば、とんでもなく身がすくみました！

まず、「服従」の定義を見てみましょう。

**服従**――『詳解漢和大字典』(冨山房)では「服属」と同義語で、「つきしたがうこと」「てしたになること」となっています。一方、『実用新国語辞典』(三省堂刊)では「人の命令・意思に従

(1)『教育のプロがすすめるイノベーション』の著者で、現在、英語圏の教育界でもっとも影響力をもっている人の一人です。

うこと」となっています。また、心理学では服従を「権力や権威をもつ対象からの命令や指示に従うこと」と定義しています。(2)

本当に、私たちの生徒にこれを求めたいですか？　教師の命令や指示に従順であることを……。単に言われたことを、おとなしくする生徒を私たち教師は育てたいのでしょうか？　それとも、伝統的な考えに挑戦し、自ら考える生徒を育てたいのでしょうか？

私は、おとなしく校長に服従する教師をあまり知りません。私たちは自らの行動を通して生徒に行動規範を教えていますから、自分が行っていることをベースにしなければならないのです。

次は、「コンプライアンス」という言葉を見てみましょう。

**コンプライアンス**――法令順守、過度に相手（多くの場合、目上の人）に合わせたり、不平を言わずにおとなしく従ったりする（従順である）こと。さらには、最近日本で頻繁に聞くようになった「忖度《そんたく》」も含めたほうがいいと思います。(3)

コンプライアンスを学校で教えることは悪いことでしょうか？　まったく悪いとは言えません。時には、おとなしく従う必要があるからです。税金のことを思い出してください。政府が決定した規則に従わなければならない場面があるのです。また、教育者として仕事をするなかで、従順に振る舞わなければならないこともあります。たとえば、通知表のように守らなければならない締め切りがあります。

　コンプライアンスがすべていけないわけではありませんが、それが教育の目標となっては困ります。私は、コンプライアンスからエンゲイジメント（夢中で取り組むこと）も超えて、エンパワーメント[4]に至る必要があると思っています。また、これらの概念はバラバラに考え

(2) 日本の辞典を参照しました。
(3) 後ろの文は訳者の補記です。
(4) エンパワーメントは、「力を与える」や「権限を委譲する」と訳されることが多いですが、「人間のもつ本来の能力を最大限にまで引き出す」という意味です。
(5) 原語は agency です。日本の教育では、まだ生徒が授業や学校の主体という考え方は希薄なので、その略語にも苦労しています。ブログ「PLC便り」の左上に「agency」（および「コンプライアンス」「エンゲイジメント」「エンパワーメント」）を入力して検索すると関連記事が読めますので、興味のある方はご覧ください。

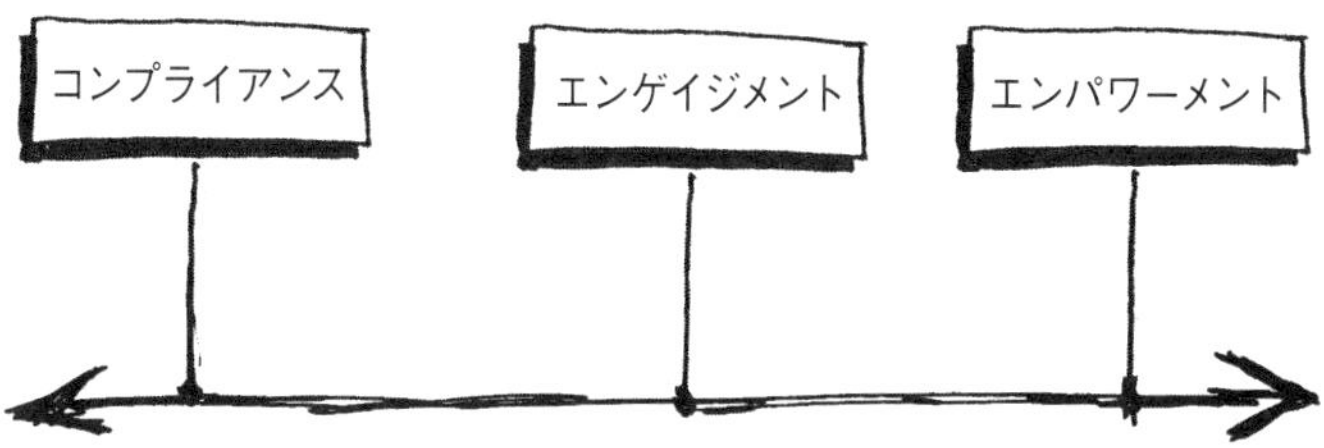

生徒の主体性[5]

るのではなく、ある意味、**図**のように連続したものとして捉える必要があります。

コンプライアンスに戻りましょう。それが、本当に学校教育の目標であったことはあるでしょうか？　制度としては望んだことはあるかもしれませんが、優れた教師は常に生徒をエンパワーしようと試みてきたと思います。そういう人たちは、教師としていい仕事ができれば、生徒があなたのことを必要としなくなることを知っています。

それが、生涯学習が教育の目標の一つであり続けている理由です。もし、生徒が卒業するときに従順であったなら、彼らは常に誰かの指示や規則に従わなければならないことになります。(6) したがって、「明日のリーダー」を育てたいなら、今日、リーダーを育てる必要があるということです

生徒をエンパワーすることに焦点を当てた場合、生徒が学校に来て好きなことをやるように、人によっては「浮ついた」イメージをもってしまうでしょうが、それは私がイメージしていることとは違います。

生徒をエンパワーするということは、自分の声（考え）をもち、自分の考えに従うことを教えるということです。とはいえ、彼らが成功するためには、鍛錬と強い意志によって得られる克己《こっき》心《しん》（自制心）が必要となります。「エンパワーメント」と「一生懸命に取り組むこと」は相いれないわけではありません。違いを生み出すためには両方が必要なのです。

どれくらいの生徒が、将来「ユーチューバーになりたい」と言っているでしょうか？　もし、本気でなりたいなら、何かの職業に就くのではなく、継続的に人に見せる価値のある内容をつくり出すことに焦点を当て続けて行動をしなければなりません。それが子どもの夢かもしれませんが、それを実現するためにはやらなければならないことがたくさんあります。コンテンツのクリエイターなるということは、自ら進むべき道を切り開いていくことを意味します。そして、その道で成功するためには、一生懸命に取り組む（エンゲイジする）必要があるのです。

私は、次の文章が大好きです。

**「一生懸命に取り組んでも成功は約束されないが、そうしなければ失敗は約束されている」**

ジム・バルバーノ[原1](7)

私たちが提供するのではなく、生徒に自分の道を見つけさせることは、常に教育の焦点であり

---

（6）これを風刺したマンガが、『オープニングマインド』の一八ページで見られます。日本においては、コンプライアンス＝従順であることも、忖度することも、幼稚園や保育園から大学まで、さらには就職してからも訓練（強要）され続けているのではないでしょうか？

（7）James Thomas Anthony Valvano, 1946〜1993）「ジミーV」の愛称で呼ばれていたバルバーノは、アメリカの大学バスケットボール選手、コーチ、アナウンサーでした。

続けています。しかし、私たちはもっと具体的に取り組む必要があります。本書の著者であるA・J・ジュリアニとジョン・スペンサーは、生徒をエンパワーすることが今日の世界にとって大切なだけでなく、必要不可欠であることを共有しています。彼らも言っているように、そのためにはマインドセットの転換が欠かせません。卒業するときまでに生徒自らが世界を変えられると思うようになるだけでなく、学校にいる間に、その練習をすることが大切なのです。

私たちはみんな、生徒が教師とクラスメイトに敬意をもって接してほしいと思っています。そして、内発的に動機づけられ、(8)成功と幸せをつかむために自分の道を見つけてから卒業してほしいとも思っています。

時に、コンプライアンスはその一部であるかもしれませんが、決して最終目標ではありません。私たちは生徒に、すでにある世界に適応することを望んでいるのでしょうか？　それとも、より良い世界をつくり出すためのパワーを、今と未来にもてるようになってほしいと思っているのでしょうか？

**「自分が世界を変えられると本気で信じられる人たちが、実際に変えているのだ」**[原2]

スティーブ・ジョブズ（Steven Paul "Steve" Jobs, 1955～2011）

あなたの教育者としてのレガシー（後世に業績として評価されること）は、常に生徒たちがすることによって決定づけられます。生徒たちがエンパワーされて世界を変えることで、あなたも世界を変えることになるのです。

（8）金銭や名誉など、外から与えられる外的報酬に基づかない、人の内面に沸き起こる興味関心や意欲に動機づけられる状態のことです。社会心理学者のエドワード・デシ（Edward L. Deci）は、内発的動機づけには有能感と自己決定が強く影響すると述べています。

もくじ

# あなたの授業が子どもと世界を変える——エンパワーメントのチカラ

EMPOWER

What Happens When Student Own Their Learning

John Spencer and A.J. Juliani

## 生徒の声を見つける――著者からのメッセージ

　授業がはじまる前、パニック状態で彼女が私（ジョン）のところにやって来ました。

「ケイティー、どうしたの？　大丈夫？」

「先生、私はプロジェクトを変更しなければなりません。自分のサンダルを本当につくりたいと思っていたのですが、それを変えなければなりません。認めてくれますか？　プロジェクトを変えると点数が下がってしまいますか？」

　私のクラスは、今「20パーセントの時間」というプロジェクトに初めて取り組んでいる真っ最中です。授業時間の二〇パーセントを提供された生徒は、情熱をもっているか、好奇心のある何かに取り組んで学び、最終的に何かをつくり出さなければならないのです。(1)

(1)　日本では、授業で何か成果物をつくり出すという発想はまだ希薄です。何でもテストで測れるという価値観が強いからでしょうか？　あるいは、テストで測れないものは学びと思っていないからでしょうか？　「20パーセントの時間」について詳しくは、七六～七七ページを参照してください。

ケイティーは、プロジェクトのほとんどの期間おとなしくしていました。このプロジェクトに取り組むと言われたときも、ほかの生徒と違って興奮することはありませんでした。それがどのように評価されるのかとか、なぜこれまでと違った取り組みをするのかなどについても質問をすることはありませんでした。

彼女は、サンダルづくりをこれまで楽しんでいたように見受けられました。彼女にとっても意味があるように思えただけに、変更したいと言ってきたときは驚きました。

「もちろん、あなたのプロジェクトを変えることはできます。でも、あなたはサンダルづくりが気に入っていると私は思っていました」と、答えました。

ケイティーは、手話を学びたくなったと私に説明しました。彼女の小さい従妹は耳が不自由で、時間があったら手話を学びたいとこれまで自分に言い聞かせていたのですが、学校やスポーツ、そして夏休みも忙しくてなかなか取り組むことができなかったのです。

最近、火事に遭って、その従妹が家に来てしばらくの間泊まることになったと言います。悲惨な状況です。ケイティーは、これまでに手話を学ぶ時間をつくり出せなかったことを後悔したわけです。そして、「20パーセントの時間」というプロジェクトが、学校で手話を学ぶ時間を提供してくれるという新しい希望を見いだしたのです。

私たちのやり取りは、次のような言葉で終わりました。

「まさにそれが、このプロジェクトをしている目的です。あなたは、成績などを気にする前に手話を学ぶ目的があるのですから、是非それに取り組んでください。次の六週間、あなたが手話を学べるように、できるだけサポートをします」

とはいえ、私は手話について何も知りませんでした。

**実際のところ、生徒が取り組んでいるプロジェクトのほとんどについて、私は何も知りませんでした。**

生徒は、読んだり、書いたり、話したり、聞いたり、つくったりしていました。でも、生徒が学んでいることについての専門的な知識を私はもっていなかったので、教師として、初めて無力さを感じていました。

その一方で、ケイティーのように学ぶことに興奮し、熱心に取り組む生徒がいたことも確かです。だから、彼らを励ましました。手話を使っている地域のグループを探すことを手伝いましたし、彼女が手話をどのように学びはじめたらいいのかについてユーチューブでも調べました。そのユーチューブをつくった一人とスカイプでやり取りもしました。

熱心に学んでいたケイティーですが、何かをつくり出してもいました。彼女は自分の問題を解決し、早く学べる方法を見いだし、学んだことを自分のブログを通して世界と共有していたのです。

TED《テッド》トークのように発表することが求められた日に、どのような形で彼女が学んだことを発表するのか分かりませんでした。その発表の日、私はいろいろなことの準備で飛び回っていたので、ケイティーのおばさんと従妹が講堂に入ってきたとき、彼女らがケイティーに呼び掛けていたことに気づきませんでした。

何人かのクラスメイトの発表が終わったあと、ケイティーの発表がはじまりました。ケイティーは恥ずかしがり屋で、最初のうちはたくさんの聴衆を前にして震えているようでしたが、なぜプロジェクトを途中で変えたのかについて説明したころから聴衆が彼女の話に聞き入るようになりました。そして、話の最後に、「私は『I Hope You Dance』(2)という歌にあわせて言葉を学んでいたので、その歌を歌いながら手話をお見せします」と言ったのです。

彼女が歌いはじめたら、すぐに聴衆が興奮しはじめました。私も、ステージの上で感情と美しさを表現していた恥ずかしがり屋の生徒に心を奪われていることに気づきました。このシーンを、私は忘れることがないでしょう。

こんな素晴らしいことが起こっているときに、なんと、スピーカーが壊れてしまったのです。音が遮断され、聴衆がざわつき、あたりを見回しました。スピーカーを直さなければと、私は混乱しました。ほんの五秒ぐらいだったのですが、五分ぐらいの長さに感じました。しかし、テーブルの下でＡＵＸ端子接続用のオーディオケーブルを探しているとき、先ほどまで聞こえていた聴衆のざわめきがなくなったのです。

ケイティーが、伴奏なしで歌いはじめたのです。彼女は、音楽が止まってしまったところから歌いながら手話をしはじめたのです。それは、とても美しいものでした。涙が出てきたぐらいです。そして、彼女が歌い（手話を）終わったとき、聴衆はすぐにスタンディングオベーション、総立ちで拍手喝采をしたのです。ケイティーは少し赤くなり、終わりの挨拶をしたあとステージから逃げるように去っていきました。

翌日、このプロジェクトと発表について、教室で輪になって振り返りをしました[3]。その場では、ケイティーがどうしてうまく成し遂げられたのかについて誰もが知りたがりました。音楽が止まってしまったのに、なぜ歌い続けることができたのかについてです。それに対する彼女の答え、これも私のなかに深く残り続けることでしょう。

---

（2）オリジナルは、https://www.youtube.com/watch?v=RV-Z1YwaOiw、歌詞の日本語訳は、http://kinako0731.blog130.fc2.com/blog-entry-14.html で見られます。

「従妹をがっかりさせたくなかったんです。それに、私が手話を学ぶことを助けてくれた人たちもがっかりさせたくありませんでした。でも、最大の理由は、自分自身をがっかりさせたくなかったからです。私は、学校の課題に対して、こんなにも夢中になって取り組んだことがこれまでありませんでした。学校が終わったあとや週末に、何時間も費やして準備をしました。もし、あそこで止まってしまったら、それらがすべて無駄になってしまいます。だから、終わりまで歌わないという選択肢が私にはなかったのです」

このストーリーが、生徒の取り組みに関する私の考え方を変えることになりました。長年にわたって生徒を刺激し、挑戦し、夢中で取り組ませるために私は頑張ってきました。しかし、このプロジェクトによって、大きな転換を迎えたのです。

ケイティーが私に刺激を与えたのです。彼女はクラスメイトを刺激し、聴衆にも刺激を与えました。さらに、彼女のストーリーは現在も刺激を与え続けているのです。とはいえ、これは一人の生徒の物語です。すべての生徒が、このような経験ができたらいいと私は思っています。しかし、ほとんどの生徒がこのような経験をしていません。

私自身が完璧な教師であったことはありません。また、全員の生徒がケイティーのプロジェクトのようにエンパワーされたわけでもありません。そして私は、すべての時間において、あの日に起こったようなエンパワーされた学びを実現しているわけではありません。でも、「新たな一歩」であったことだけは間違いありません。

このプロジェクトのあと、私の焦点はシフトしました。決して簡単なことではありませんし、とても面倒なことでしたが、やりがいはありました。生徒たちをエンパワーすることが私の目標になり、生徒が情熱や目標、そして未来を追い求める機会を提供することが私の使命となったのです。

## 数値は上下している

もし、あなたがアメリカないしそれと同じような教育制度をもっている国で育っ

(3)「この振り返りは、日本のほとんどの現場で欠落していると思います。学びをメタ認知するためにとても振り返りは重要なのですが、教育の現場は多忙すぎて、行事や取り組みがやりっぱなしの傾向が強いです（振り返りといっても感想文を書かせる程度で、相互のインタラクションのある振り返りはほとんど見かけません）。どのように振り返りをしたらよいのか？　何を振り返るのか？　次にどうつなげるのか？　やり方が分からないということが現状かと思います」というコメントを翻訳協力者からもらいました。具体的な方法を知りたい方は、『増補版「考える力」はこうしてつける』を参考にしてください。

たなら、毎日六・六四時間、一年のうち一八〇日、一二年ないし一三年(4)間を学校で過ごしたことになります。[原3]

**それは、どう見ても一万四〇〇〇時間（ないし八四万分）以上になる。**

一日平均六・六四時間を学校で過ごすということに関しては、分で表したほうが分かりやすいかもしれません。

**一日四〇〇分。**

それだけの時間、私たちは何をしているのでしょうか？　より大切なこと、生徒は何をしているのでしょうか？

学校で過ごす一万四〇〇〇時間に生徒が何を学んでいるのかについて尋ねているわけではありません。すでに、それについては記録されています。低学年では基礎的な読み・書き・計算のスキルを学び、年齢が増すにしたがって、世界史、物理や生物、代数や幾何などのように具体的な科目を学んでいます。

私たちは、同じ教科を同じパターンで長年にわたって学んでいます。

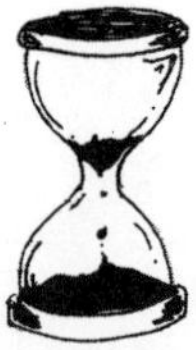

840,000分

14,000時間

583日

それらにバリエーションはあるでしょうか?

もちろん、あります。

今、この本を読んでいるあなたは、一〇〇年以上前に定められた伝統的な教育の流れに従っているると仮定してよいでしょうか?

はい。

質問は、これらの授業中に生徒たちは実際に何をしているのか、です。

彼らは、ノートを取っているでしょうか? 教師が話すのを聞いているでしょうか? テストのために準備をしているでしょうか? パワーポイントのプレゼンが画面上で行われているのを見ているでしょうか? ワークシートを埋めているでしょうか? 情報を(理解せずに)反復したり、問題に答えたり、自分の答えと教科書の後ろに掲載されている正解を比べてチェックしたりしているでしょうか? レポートを書いているでしょうか? (発言するために)手を挙げているでしょうか? 一日の八〇パーセントほどは(あるいは、もっと?)おとなしく椅子に座っているでしょうか?

彼らは手順に従い、穴埋めをし、時間を気にし、従順に振る舞って、監督している教師を困ら

(4) 北米の学校の多くには幼稚園の年長組も含まれているので、一三年間になります。

せないようにしているでしょうか？　それとも、彼らは自分の情熱、興味関心、未来に必要な知識やスキルを身につけているでしょうか？

**彼らは何をしているのでしょうか？**

もし、あなたが私と同じような教育制度のもとで育っているなら、あなたの時間のほとんどは従順になるために使われていたことでしょう。その教育制度は、規則に従う人々をつくり出すものであり、何をしたらいいのかについて指示を待つことを意図してつくられたものです。この制度から卒業すると、あなたは何をするときも誰かの指示を待つことになります。

これは、安心できるやり方です。あなたは学校に通い、規則に従い、卒業し、従順な働き手として職を得ることになります。

ジャーナリストであり、〈ニューヨーク・タイムズ〉紙のコラムニストでもあるトーマス・フリードマン（Thomas L. Friedman）が、次のように適切な指摘をしています。［原4］

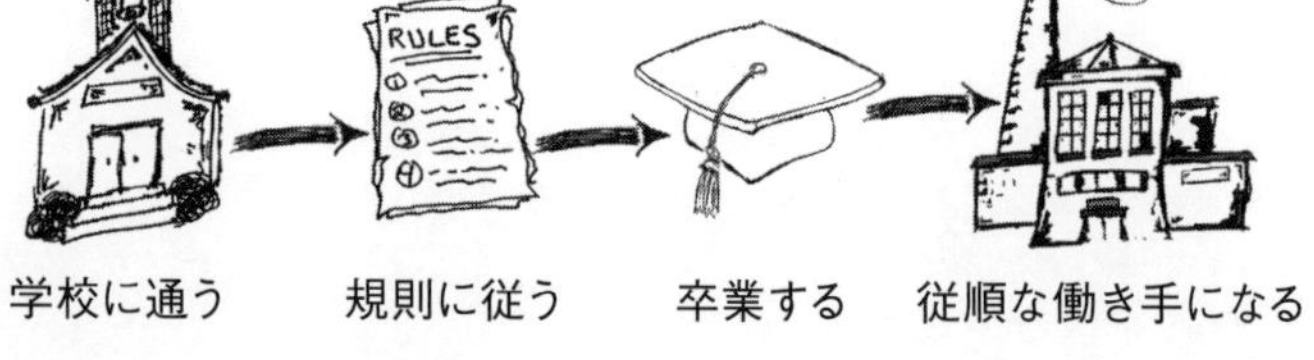

# しかし、
# 時代は変わった。

私たちの世界は、
進んでやる人を求めている。

世界は、
自分で決断できる人を求めている。

世界は、
デザイナー、クリエイター、
ドリーマー(*)を求めている。

(＊)　デザイナーは、モノや事を計画・設計する人、クリエイターはモノや事をつくり出す人、ドリーマーはあるべき姿を描き出す人、を意味します。

**「世界は、あなたが知っていることを使って何ができるのかに関心があるのだ（あなたがそれをどのように学んだかについては問題にしていない！）」**

「学校ごっこ」[5]というゲームをし、規則に従い、何をするのかについて指示を待つために、私たちはこんなにもたくさんの時間をなぜ学校で過ごすのでしょうか？　そして、生徒が何を学び、どのように学び、いつ学び、そしてなぜ学ぶのかといったことに関して、なぜ私たちはほとんど選択肢を提供しないのでしょうか？

　学校の枠を越えて、さまざまな問題が影響を及ぼしています。さらに、大人になっても影響は続くのです。一三年にもわたって学校で過ごす一万四〇〇〇時間は、私たちが世界をどのように見るかについて大きな違いを生み出してしまうのです。

　自分のしていることが好きではなく、毎日、仕事でも生活でも同じことを繰り返すだけという人生を送っている人を知っていますか？　さらに悲惨なケースとして、情熱と言えるものがなく、常に不満ばかりを口にする人と話をしたことがありますか？

　もし、私と同じような教育制度のもとで育っているなら、あなたはそういう人たちにたくさん出会っていることでしょう。私は、そういう人たちを国じゅうの学校がつくり出してきた現状を見てきました。つまり、次のテスト、評価、学年のために準備をやらされ続ける生徒たちのことです。彼らは、卒業して初めて、情熱と言えるものを何ももっていないことに気づくのです。生徒たちは途方に暮れていますし、混乱もしているのです。

以上は、自分がしたいことを学ぶチャンスを学校で提供されなかった生徒たちです。「彼らにとって最善」と信じられているカリキュラム（教科書）を詰め込まれることで、自分が学びたい内容やつくり出したい成果をほとんど選択できないことに彼らは気づきます。

お手上げだと諦めて、生徒たちにやらせ続けている「学校ごっこ」というゲームを、「制度」や「政治家」といったほかの誰かのせいにすることは簡単です。あるいは、自分自身がその制度を通過して、なんとかうまくやれている、と言うことも簡単です。

（5）暗記や服従や忖度を練習する場のことです。

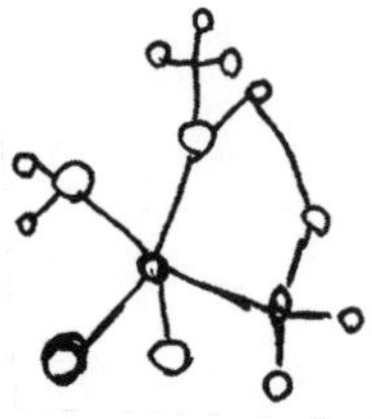

**生徒に異なる体験を**
**提供するために、**
**制度のすべてを変える必要は**
**ないのです。**

そうではなく、
一つのことを変えればいいのです。

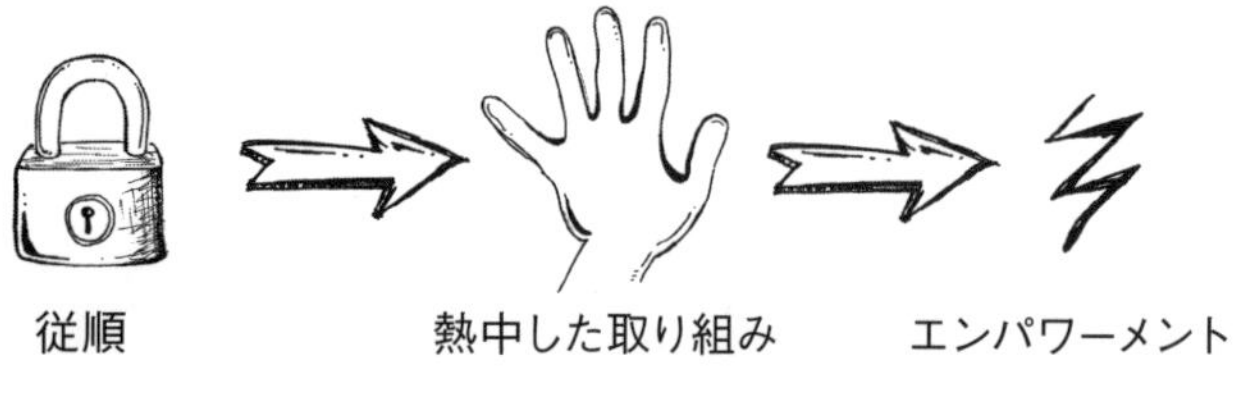


　私たちはマインドセットを、従順（生徒は規則に従わなければならない）から、熱中した取り組み（生徒がすでに決まっているカリキュラム、学習内容、学習活動にワクワクして取り組む）へ、そしてエンパワーメントに転換するのです。

**でも、それは焦点がズレています。**

学校で、そのように行われる必要はないのです。世界も、自然な学びも、今の学校にはまったくマッチしていないからです。(6)

それでは、いったい何ができるのでしょうか？　新しい学校をつくることも、新しいカリキュラムを考案することも簡単ではありません。テストがあり、押さえないといけないカリキュラムがあり、時間割があり、こなすべき行事もあるのです。それらはみんな、エンパワーメントよりもコンプライアンスを推進するものです。

しかし、依然としてあなたは、学びの環境を転換できる人であり続けます。あなたこそがイノベーションを実現する人です。あなたこそがたくさんの時間を生徒と過ごす人なのです。

元全米最優秀教師で（今も教えています！）、文筆家でもあるビル・フェリター（Bill

(6)「自然な学び」や「より好ましい学び方」については、とても分かりやすい対比が提示されている『教育のプロがすすめるイノベーション』の「学校 vs 学校外の学び」（一三七～一三九ページ）、『シンプルな方法で学校は変わる』の「脳の機能にマッチしていない学校 vs マッチしている学校」（三〇六ページ）と「私はどんなときによく学べるか」（三〇一ページ）、『ようこそ、一人ひとりをいかす教室へ』の「伝統的な教室 vs 一人ひとりをいかす教室」（三〇ページ）と「私たちが知っていること vs していること」（五三ページ）を参照ください。

Ferriter）が、二八ページの**図**を分かりやすく説明してくれています。[原5]

**「生徒をエンパワーするということは、彼らが情熱、興味関心、未来を追い求めるのに必要な知識やスキルを提供することです」（ビル・フェリター）**

私たちが生徒をエンパワーするとき、一万四〇〇〇時間には新しい目的が提供されることになります。新しい目的は、生徒に学んでほしいことではなく、生徒が（創ったり、つくったり、デザインしたり、造ったり、評価したり）する選択を通して学ぶことです。

**本書では、この転換について明らかにします。**

ほとんどの教師は、生徒がより熱中して取り組むことに賛成するでしょう。「あなたの生徒が、授業により熱心に取り組むことを望みますか？」と問われたら、全員が同意することでしょう。私たち執筆者である二人も同じように同意します。熱心に取り組むことは、従順よりもはるかにパワフルな学びをもたらすのです。

長年、学校改善とリーダーシップの分野で多くの著作を著しているフィル・シュレクティー（Phil Schlechty）は、左ページの**表**に示されるように、エンゲイジメントは高いレベルの注目とコミットメント（専念）の二つの要素が統合する形で生まれる、と指摘しています。[原6]

生徒が高いレベルの注目をしているとき、彼らは学んでいる対象や自分がしていることに焦点を当てています。また、生徒が高いレベルのコミットメントをしているときは、新しくて挑戦を要する何かを学ぶ際、浮き沈みを乗り越えてやり遂げるものです。

しかしながら、エンゲイジメント（夢中で取り組むこと）は半分成功した状態です。生徒が夢中で取り組んでいるとき、彼らは私たちが選んだ内容や目的に全神経を向けています。テキスト[7]や資料、そして私たちが解いてほしい問題に完全に焦点を当てています。生徒は、身につけたことを証明するように求めているカリキュラムと評価について、やり遂げることだけに専念しているのです。

しかし、生徒が解きたいと思う問題はどうなのでしょうか？　彼らが面白いと思うテーマは？　彼らがもっと深くコミットして、もっと学びたいと思う領域は？

（7）これまでは教科書のことでしたが、最近は生徒の多様なニーズに即した多様なテキスト・セットという捉え方がうねりを起こしはじめています。詳しくは、『教科書をハックする』を参照してください。

表　シュレクティーのエンゲイジメントの段階

| | 注目（対象への興味関心の度合い） | コミットメント |
|---|---|---|
| エンゲイジメント | ↑高いレベルの注目 | ↑高いレベルのコミットメント |
| 戦略的な従順 | ↑高いレベルの注目 | ↓低いレベルのコミットメント |
| 形式的な従順 | ↓低いレベルの注目 | ↓低いレベルのコミットメント |
| 後退 | ⊘注目なし | ⊘コミットメントなし |
| 抵抗 | ↱まがった注目 | ⊘コミットメントなし |

彼らの未来についてはどうでしょうか？　自分が判断を下さなければならないときは？　どんなチャレンジに挑戦するのかを決めるときは？　どんな機会を選択するのか決めるときは？　もがいたり、間違いを犯したり、どの選択が最善なのか分からなかったりしたときはどうするのでしょうか？

私たちの目標は、変える必要があると言えます。

## 土台を築く

本書は、その転換を可能にするための土台を築きます。次に何をするのかについて（教師があらかじめ用意したものを）生徒に準備させることから、何でも自分たちで準備できるように助ける方向に転換できると、学習の可能性は無限に広がります。

ここまで読まれたあなたは、「そのとおり」と言いながらうなずいているかもしれません。同時に、たくさんの疑問も湧いてきていることでしょう。それは極めて自然なことですから心配しないでください。私たちも、次のような質問をこれまでに何度もしてきました。

**学級運営はどうなの？**

**私たちの仕事は、
生徒たちに何かを
準備させることではなく、
生徒自身が
何でも準備できるように
助けることです。**

私たちは教師やリーダーとして、
この転換をどう成し遂げるのか？

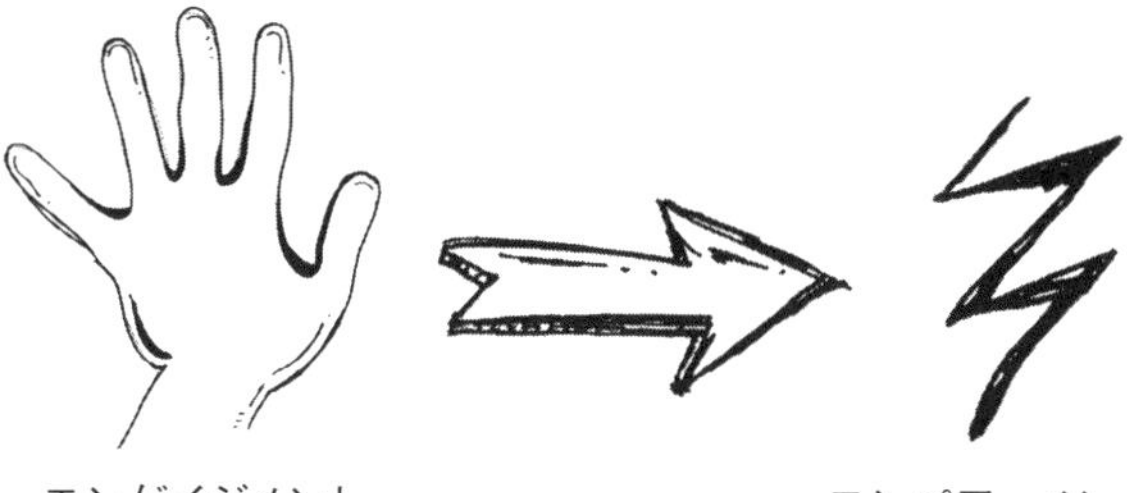

表　二つの異なる環境の比較

| 夢中で取り組む環境 | エンパワーする(力をつける)環境 |
|---|---|
| カリキュラムに注目し、コミットしている。 | 生徒の興味関心に注目し、コミットしている。 |
| 生徒の将来の仕事のために準備をしている。 | 生徒自身が何でもできるように準備している。 |
| 教師はそれを面白くしようと努力している。 | 生徒の興味関心をうまく活用しようと努力している。 |
| あなた（生徒）は＿＿＿＿＿を学ばなければならない。 | あなた（生徒）は何を学びたいですか？ |
| 選択を提供する。 | 可能性を刺激する。 |
| 他の人と同じやり方をする。 | 自分のやり方を考え出す。 |
| 評価を受ける。 | 自分の学びを自己評価する。 |
| 消費している。 | つくり出している。 |
| 一人ひとりを活かす教え方。 | 個別学習。 |

**カリキュラムは押さえられるの？**
**テストは？**
**学校の体制は？**

その解決はこうです。

変えたいけれども自分にはコントロールすることができず、影響力のないことについては一切触れないということです。[8]その代わり、教師として、教え方のコーチとして、そして学校のリーダーとして、自分たちがコントロールできて影響力をもっている分野に焦点を絞ります。

あなたの生徒は、テストを受けなければなりませんか？　**ほぼ確実に。**

生徒は、事前に設定されたカリキ

[9]ユラムをカバーしなければなりませんか？　**ほぼ確実に。**

生徒の学びは混乱しているように見えますか？　**確実に。**

学校ではチャイムが鳴り、ほかにも従来からのやり方がたくさん続くと思いますか？　あらゆ**る兆候がそれを肯定しています。**

だからといって、何もしないわけにはいきません。**私たちがコントロールできる一万四〇〇〇**

---

（8）スポーツのコーチのような存在です。ライティング・ワークショップとリーディング・ワークショップの普及と相まって、読み書きの教え方を根本的に変えるために配置されるようになったのが最初と言われています。その後、いろいろな教科領域のコーチが生まれています。日本では指導主事がこの役割を担っていると言えるかもしれませんが、機能するためにはいろいろな問題がありすぎます。何よりも、学校に常駐していないことでしょうか。より詳しくは、https://projectbetterschool.blogspot.com/search?q=%E3%82%B3%E3%83%BC%E3%83%81を参照ください。

（9）日本では、これは教科書と同義と捉えられています。しかし本来は、教師が目の前にいる生徒と学習指導要領を基に、教科書を参考にしつつ教える内容と方法を考えることなのですが（つまり、カリキュラム開発能力）、日本の教育は長年この能力を教師に身につけてもらうことを、教員養成課程でも現職研修でも回避しています。この点に興味のある方は、https://projectbetterschool.blogspot.com/search?q=%E3%82%AB%E3%83%AA%E3%82%AD%E3%83%A5%E3%83%A9%E3%83%A0%E9%96%8B%E7%99%BA%E8%83%BD%E5%8A%9B を参照してください。

**時間を使って、生徒が創造性とイノベーションを引き起こせる**ようにするのです。

もし、学級経営に問題があるなら、生徒が学べる選択肢を提供して、それがたとえどんなに難しいテーマであっても、どのような興味関心に惹きつけられるのか観察するのです。

**テストを超えて教えるのです。生徒にテストを超えて学ばせるのです。生徒がつくったり、デザインしたり、創ったり、評価したりすれば、カリキュラムやテストが押さえていることを彼らははるかに超えていきます。**

あなたは、従順で熱心に取り組まない生徒にテストを受けてほしいと思っていますか？　それとも、エンパワーされたつくり手やデザイナーにテストを受けてほしいですか？

カリキュラムや達成目標（日本の場合は「学習指導要領」）には常に役割があります。それらは、エンパワーする学習環境をあなたがつくり出す際の妨げにはなりません。カリキュラムや達成目標は建築家の図面であって、教師であるあなたが実際のつくり手であり、デザイナーなのです。さらに、あなたが生徒を学習デザインの過程に巻き込むことができたら、建築家の図面を実生活のなかで活かす方法が無限大に拡張していくのです。

年度や日々の様子がどうなるのかと心配する代わりに、本書に提示されている考え方をまず吸収してください。そうすることで、あなたが今置かれた状況のなかにおいても、エンパワーする環境をつくり出すためのヒントがたくさん得られるはずです。

表　本書を読む理由と読まない理由

| この本に含まれているのは、 | この本に含まれていないのは、 |
|---|---|
| たくさんのアイディアがつまっている。 | 教え方のマニュアル。 |
| 本当の教室の本当のストーリーがたくさん盛り込まれている。 | 研究に基づいている。 |
| 問題解決に焦点を当てている。 | 研究論文。 |
| 生徒がリードする。 | 問題に焦点を当てている。 |
| たくさんの質問を提示している。 | 教師がリードする。 |
| 楽しくて高揚する。 | あなたの疑問質問にすべて答えている。 |
| | 真面目で堅苦しい。 |

**つまり、本書は問題解決について書かれているのです。**

本書を通して、テスト、カリキュラム、学級経営などの課題に正面から取り組み、乗り越えるための具体的な方法を考えます。そうすることで、すべての生徒がエンパワーする経験をつくり出せるようになります。

## 好奇心のある人のための本

本書は、難しい質問をし、エンゲイジメントからエンパワーメントに向かうとはどういうことかと考えている、好奇心のある人のために書かれたものです。また、非現実的で不可能と思われる大胆なアイディアを成功させようと思っている教師のためのものです。さらに、生徒が選択する学びに思い切って飛び込む用意ができている教師のためのものです。

もし、あなたがそうなら、実際に行動を起こし、生徒が選択する学びという壮大な挑戦を実現するために安心して本書を読み進んでください。なぜなら、あなたに許可を与える人などは誰も存在しないからです。

本書『あなたの授業が子どもと世界を変える』は、すぐにでも使える何かを求めている、好奇心あふれる教師のためのものです。また、学習者中心の環境に移行させたいと思っているリーダーのためのものでもあります。そして、それがたとえ居心地のよい場所から出て何か新しいことを試す場合でも、飛躍したいと思っている教師のためのものと言えます。

## 面白いことをしたい人のための本

本書は、面白いことをしたい人、イノベーター、与えられた規則に満足せずに自分で規則を書き直す教師のためのものです。また、単にこれまではそのように行われてきたという理由で、自分が教わったときと同じ方法で教えることを拒否する教師のためのものでもあります。本書は、すでに生徒たちが自分の学びの主役になるようにエンパワーしている教師のためのものなのです。

もし、それがあなたなら、教室ですでにあなたがしていることを確認するために読み進めてください。あなたが行っているよい仕事に対する感謝状として、本書を読んでください。

## 本書を読まない理由……

すでに、本書が教師を対象としたほかの本と異なっていることに気づかれたことでしょう。私たちは、そんなことはあまり気にせずに出版することにしました。『あなたの授業が子どもと世界を変える』は、すべての人のために書かれたものではないからです。

本書は、博士論文や研究論文を書こうとしている人のためのものではありません。また、生徒中心の学習において総合的で、もっとも信頼のおける本でもありませんし、すでに自分のことや生徒のことをエンパワーする専門家だと考えている人のためのものでもありません。さらに、生徒は指示され

本書は、学校を「学校ごっこ」をする場から転換させたいと思っているすべての人のためであり、より「真の学び」の場にするための本です。

たように行動すべきだ、と信じている人のためのものでもありません。

エンパワーされた学習者は、未来の世界を担う人物となります。彼らが一万四〇〇〇時間をどのように過ごすかによって、彼ら自身の未来だけでなく、彼らに続く世代がどうなるかを決定づけることになります。

**学習者をエンパワーする旅へと、私たちと一緒に出発する準備はできていますか?**

何に対しても準備ができるように生徒を助けようと決断したあなたは、彼らがどんなことをしはじめるのか、その光景を見るのが待ちきれないことでしょう。

## 警告

私たちは、すべての答えをもっていません。

私たちは、まだ質問をたくさんもっています。

私たちは、魔法のようなやり方は提供できません。私たちはまだ検証中です。

私たちは、本当の変化は内面からしか起こりませんので、アプリ、システム、プログラムを提供することはできません。

悪い知らせは、教え方のマニュアルがないことです。

**よい知らせは、教え方のマニュアルがないことです。**

私たちは、先へと進みながらつくり出しているのです。

本書を、たくさんの過ちや擦り傷、そしてひどく腹立たしい混乱に遭遇する旅に出発するための招待状と捉えてください。

**けっこう魅力的だと思いませんか？**

でも、信じてください。生徒が学びのオウナーシップをもてるようにあなたがエンパワーすると素晴らしいことが起こりますので、十分価値のあることだけは約束します。

# 第 1 章

# 生徒がオウナーシップをもつことと、世界を変えた教師のスナップ写真

これは、私（ジョン）が八年生[1]のときを表しています。もし、あなたが私のことを見つけられないとしたら、私が人目につかない存在であったからです。

ちなみに、それは私が望んだことでした。私の目標は注目されないことでした。目立たないように行動していましたし、人気者たち（学校の社会的な序列を牛耳っている生徒たち）とのかかわりをもたないようにしていました。

しかし、私にはマットという友人が一人いました。私たちはよく似た者同士で、オタクでした。私にとって幸いだったのは、毎年、彼が欠席をすることがなかったことです。

私がしていたことは、一人の友だちを見つけ、彼と過ごすことで目立たないように行動することでした。その行為は、十分に機能していました。ある日、突然、機能しなくなるまでは。

ある日の午後、マットが学校からいなくなったのです。大したことのない風邪でした。そこで、たくさんの生徒のほうを見ながら、昼食をとるためのテーブルに誰かが私を誘ってくれないかと考えていたことを覚えています。しかし、そうなりませんでした。

不安で身がすくみ、永久に待っていたかのように感じました。とうとう食べ物をゴミ箱に捨てて、トイレに隠れました。学校で隠れるのに、おそらく一番嫌な場所です。つまり、私の計画は成功したということです。誰も私に気づきませんでしたが、最悪の気分でした。

こんな状況にもかかわらず、私のことを人として見てくれた二人の先生、スムート先生とダロウ先生がいました。この二人の先生は、私が社会公正と野球と歴史にこだわりがあることを知っていましたので、「歴史の日」のプロジェクトに招いてくれました。

最初は少し圧倒されていましたが、けっこう楽しかったです。プロジェクト全体を計画して、自分の進み具合

(1)　本書では、小学校一年生から高校の最終学年までを原書のとおり表記します。アメリカの高校は九～一二年生の四年間と決まっていますので、日本の表記に変えられないからです。中学校は州によって異なります。七～八年生だけだったり、六～八年生だったり、あるいは小学校からの小中一貫だったりとさまざまです。

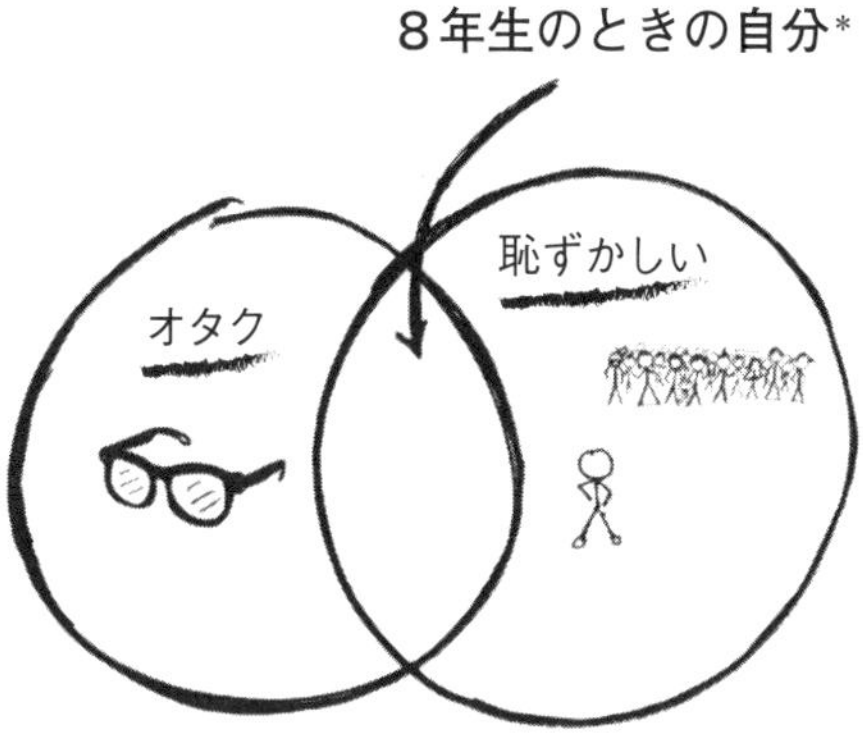


＊今でもかなり的を射ている。

をチェックしなければなりませんでしたし、自分で問うべき質問を考え、その答えを見つけ出さなければなりませんでした。

私は、関心のあるテーマに絞り込むことにしました。それは、「ジャッキー・ロビンソン」と「野球における差別をなくすための人種統合」についてというものでした。そこから、恐ろしいことになりました。

私は、ニュースキャスターたちに手紙を書き、元野球選手たちに電話をしました。受話器を持って事前に書き出していた質問を読み、一度も会ったことがない人からその回答を待ったのですが、その間、私の手は震えていました。しかし、最終的にはスライドショーにまとめています（当時は、撮った写真をドラッグストアに持っていって、それをプラスチックのスライドに変換してもらったものです）。

このあと、もっと神経がすり減る事態となりました。それは、私が書いたシナリオを録音するために放送スタジオに座っていたときに起きました。録音したテープを再生し、そのテープをカミソリで切り、セロテープで貼り付けるという編集作業をしたあとに自分の声を聞いたのですが、最悪でした。

途中で私は手を挙げて、「もうやれません！」と言いました。しかし、スムート先生が私の目を見て、次のように言ったのです。

**「そんなことで逃げおおせませんよ。あなたが発表しようとしていることは大切なことなのです。もし、それを言わないという選択をしてしまったら、あなたは自分の創造性を発揮する機会を自ら奪ってしまうことになります」**

先生のこの言葉、それ以来、私から離れることがありません。

私はプロジェクトを終了しましたが、恐ろしい状況はまだ続きました。クラスメイトに対して発表を終えたとき、学校を代表する人気者の一人が拍手をしはじめたのです。最初は私をバカにするためにしているのかと思いましたが、ほかの生徒が拍手をしはじめると気づいたのです。

私は、もう見えない存在ではなくなっていたのです。

私は、州と全国の大会で発表を行いました。

それは、とてもパワフルな体験でした。

もっともパワフルな部分は、自分がオウナーシップをもっていたことでした。私はそれまで、自分の学びに主体性をもったことがありませんでした。この年は、今に続く大きな影響を私に及ぼしました。スムート先生の影響は、私がどのように教え、どのように子育てをし、日々どのように創造的な仕事をするのかということに及んでいます。

（＊）　システム思考は、複雑な状況下で変化にもっとも影響を与える構造を見極め、さまざまな要因のつながりと相互作用を理解することで、真の変化をつくり出すためのアプローチです。自然界も組織もシステムと捉えることで、目に見える「出来事」や「行動パターン」だけでなく、見えにくい「構造」や「意識的・無意識的な前提」などまで明らかにすることができる、とされています。学問の分野では1950年代から知られていましたが、広く一般に認識されるようになったのはピーター・センゲ著の『The Fifth Discipline（学習する組織）』によってでした。

（＊＊）　繰り返しながら改善をして、より良いものにしていく思考および行為です。デザイン思考の一部ないしデザイン思考そのものと捉えられるようです。http://mariesaasen.com/index.php/tag/iterative-thinking/。デザイン思考については、本書の第７章に詳しく書かれています。

プログラムやプロセスによってではなく、自分では見られないものを私の中に見つけてくれた先生によって、私はそれまでとは完全に違った人間になったのです。それは、とてもエンパワーリングな（元気づけられる）体験でした。

私は「つくり手」になったのです。そのときは気づきませんでしたが、この経験こそが教師になるきっかけとなっていたのです。

**あなたができるもっともパワフルなことは、生徒をエンパワーすることです。**

この言葉を換言すると、生徒たちは情熱的な生涯学習者になり、世界を相手にする準備ができる、となります。(*)

（*原注）「世界を相手にする」という表現は、あくまでも「比喩的」なものです。世界を相手にすることは危険だし、現実的ではありませんから。（訳注・そうは言い切れません。たとえば、インドネシアのバリ島の姉妹（一〇歳と一二歳・当時）がプラスティックゴミを減らす主張をしたり、二〇一九年一〇月の国連総会で各国の首脳相手に「地球温暖化問題」について演説したスウェーデンのグレタ・トゥーンベリさん（一六歳）のように。）

# 第2章

## 教師、親、リーダーとしての私たちの役割は、子どもたちを「何か」のために準備させることではなく、

## 生徒が自分で「何でも」できるように、準備するのを助けること

［原7］ルイは、パリのすぐ東にある小さな村で一八〇九年に生まれました。四人兄弟の一番下で、両親は革製品をつくっていました。みんなの話によると、ルイは三歳のときに遭った事故にもかかわらず、すくすくと育ちました。

父親の仕事場で、ルイが「オール（千枚通し）」と呼ばれる道具を使って革に穴を開けようとしていました。オールとは、先端が真っすぐなネジ回しのようなもので、ベルトに穴を開けるときなどに使われます。

遊びながら彼が穴を開けようとしていたとき、手がすべって自分の左目をオールで突き刺してしまったのです。すぐに医者に連れていかれましたが、大した治療はしてくれず、眼帯をしてくれただけでした。数週間後、右目にも感染してしまい、ルイは五歳で両目とも失明してしまったのです。

小さすぎたこともあって、ルイは視野を失ったことに気づきませんでした。失明したこととなぜ周りが暗いのかの違いが分かっていなかった、と両親は語っていました。

両親は、ルイを家に閉じ込めるようなことはしませんでした。彼は障がい者として扱われませんでしたし、お父さんが彼のためにつくった数種類の杖を使って、村の中や田舎道を自分で歩くことができました。視野を失ったルイですが、学び、いろいろなものをいじくり、そしてつくり続けました。彼の教師や村人たちが彼の学びを助け続け、一〇歳のとき、ルイはパリにある王立盲学校で学ぶことになりました。

在学中にルイは、フランス軍の軍人（ナポレオン時代の砲兵大尉）であったシャルル・バルビエ（Charles Barbier, 1767～1841）が考案した「夜間文字」と呼ばれる一二点式の暗号に出合いました。しかし、それは暗闇で（しかも、音もない環境で）コミュニケーションが取れるように開発されたものでしたので、とても複雑な仕組みになっていました。

一五歳になったルイは、この夜間文字を参考にしながら、盲人が読み書き用に使える独自のシステムを開発しました。それが、のちに「ブレイユ点字（あるいは六点式点字）」と呼ばれるようになったものです。

その後、ルイ・ブライユは発明者、教師、音楽家となり、亡くなる一八五二年までブレイユ点字を改善し続けました。しかし、革命的と認知されて世界中で採用されるようになるまで、広範に使われることはありませんでした（それは、彼の死後のことです！）。

## なぜ、生徒をエンパワーすることが重要なのか？

ルイ・ブライユ（Louis Braille, 1809～1852）の話は、学習者が自分にとって大切な問題を解決したり、自分の生活に関係する興味関心に没頭したりするように励まされたとき、どんなことが起きるのかを物語る一つの例でしかありません。

ルイが創造したり、デザインしたり、つくり出したり、発明したりする生活とはまるで関係のない生活を送った可能性はいくらでもありえます。彼は、裕福な家庭に生まれていません。小さいときに視野を失ったうえに、教育が権利ではなく「特権」とされていた時代に生きていました。でも、ルイの物語は、子どもの情熱、興味関心、そして未来を追求するために必要となる知識やスキルを提供することに焦点を当てるという面では適切な例となっています。

## 起こり得る最善とは何でしょうか?

転換を図ろうとしている私たちにとって基礎となる、六つの「学びの真実」について説明するところからはじめましょう。

私たちは、長年の実践に裏打ちされた最善の取り組みや、時の試練に耐えて生き続ける信念からはじめるのではなくて、「新しいこと」を「新しい方法」ですることに焦点を当てがちです[1]。

以下に紹介するのは六つの真実です。それは、本書の残りの部分へと導き、学習者をエンパワーするのに必要とされる私たちの考えにも、究極的な意味において導くものです。

## 真実１　すべての生徒は、学びのオウナーシップをもつに値している。教師は、生徒が生涯を通した学習者になるようにエンパワーすることができる。

「真実１」は、私たちが生徒を教育する理由です。彼らの利益のためです。しかし、生徒が学びのオウナーシップをもっているときにのみ、生徒にとっては意味があることになります。生徒に選択肢を提供し、探究を可能にし、創造性を育むとき、彼らが素晴らしいことを行う様子を見ることになります。

テクノロジーは、生徒がオウナーシップをもつときに面白い役割を果たします。彼らのポケットに入っているスマホは、世界中の情報にアクセスすることができるのです。それはまた、誰とでもつながることができますし、協力することも可能ですし、多様なイノベーションの目的に使うこともできるのです。

教師として私たちは、テクノロジーは学習の機会を押し広げるという考え方を受け入れ、生徒にそのチャンスを提供しなければなりません。

（１）翻訳協力者の一人から「本当にそうでしょうか？」という問いかけがありました。

## 真実2　教室にいるすべての生徒は、それぞれが、ほかの誰かの異なる世界のなかで生きている。(2) 生徒をエンパワーすることは、私たちの人間的／社会的なつながりを転換することにつながる。

「真実2」は、私（A・J）がトム・マレー氏(3)の講演で聞いた「教室にいるすべての生徒は、それぞれが、ほかの誰かの異なる世界のなかで生きている」という文章を引用したものです。

学校に通う子どもをもつ親として、娘が毎日学校に行く様子を見るとき、この言葉は私の琴線に触れます。

エンパワーする学びは、コミュニケーションのツールやリアルタイムの協働、そして学びを生活と関連づけるだけの意味がある作品などを共有することで私たちの絆をいっそう強めることになります。

さらに、それ以上のこともします。子ども（その結果、保護者）の一日を満足のいくものにする「ふとした瞬間」が、人間関係や絆を転換させてしまうのです。

## 真実３　物語が私たちを形成する。物語は、常に私たちが学ぶのを助けてくれる。生徒が学びの物語をつくり、それを共有するようにエンパワーしなさい。

「真実３」はストーリー（物語）についてです。物語は、もっとも優れた教え方の一つであり、自分たちが学ぶときのお気に入りともなっています。物語は年月を経ても使われ続けていますし、人々が日々学び成長するように教え導き、動機を与え続けています。

現代の世界は、ストーリーテリングを劇的に変えました。テクノロジーが物語の深さを増加させ、物語をより広く共有することを可能にしています。もし、何かの物語がウィルスのように感染すると、人々の共感を呼ぶことになり、これまでの歴史にはなかった方法で瞬時に何百万もの人々に広がります。ストーリーテリングと私たちの学び方を転換するために、私たち教師と生徒はテクノロジーを使うことができます。

ストーリーの真のパワーは、二つの事柄から得られます。物語から学ぶこと、そして対象や世界とあなたの物語を共有することです。エンパワーされた学習者は、物語が情熱や未来を追求す

---

（２）「ほかの誰か」とは、主に保護者のことを指しています。

（３）（Thomas C Murray）長年、小中学校の教師と校長および教育員会で務めた後、現在は Future Ready Schools（未来を準備する学校）のイノベーション・ディレクターをしています。多くの著書があります。

るときの「入り口」になることを知っています（この点について詳しくは、第11章を参照してください）。

## 真実4　あなたが唯一生徒たちにできることは、予想もできない世界に向けての準備である。

「真実４」は、私が固く信じていることであり、講演で話すときや学校で話すときに必ず言っていることです。すでに述べたように、教師の仕事は、生徒自身が何でもできるように準備するのを助けることです。これを物語にたとえると、私たち教師は案内役であり、生徒たちは主人公ということになります。

生徒たちの未来がどうなるか分からないとき、私たちの仕事は変わってきます。教科の内容は常に変化し続けているので、教科の専門家という役割から自由になって生徒たちをエンパワーする案内役となります。言うなれば、「教科の専門家」の代わりに私たちが「学びの専門家」であることを生徒たちに示すということです。生徒たちが何でも学べるようにサポートするためには、自分が知っている学び方を共有することが一番となります。

## 真実5　リテラシーは学ぶことであり、学ぶことは学んだことを捨て去ることであり、学び直すことである。(4)

「真実5」は、トフラー（Alvin Toffler, 1928～2016）が言った次の文章をベースにしています。「二一世紀の文盲とは、読み書きのできない人ではなく、学ぶことも、誤った知識を捨てることも、また学び直すこともできない人のことである」〔原8〕（アルビン・トフラー）

エンパワーされた生徒は、学んだことを捨て去ることや学び直すことが当たり前という学習環境になります。そのような環境で私たちは情報を得、分析し、応用し、また情報をつくり出したり、評価したりもしています。(5)エンパワーされた学習者は、学んだことを捨て去ることと学び直すことを称えるマインドセットを身につけており、そのプロセスを永遠に続くものとして捉えています。

---

(4)　翻訳協力者から次のコメントがありました。「このアンラーニングの視点が学校教育に不足していると私は常に感じています。目的によって方法を取捨選択するという意識もないので教科で教える内容は増え続け、○○教育という名のついた新しいものも教えなければならないのに、行事や課外活動はなくなりません」

(5)　ここで紹介されているのは、ベンジャミン・ブルーム（Benjamin Samuel Bloom, 1913～1999）が五〇年以上前に提示した「思考の六段階」のうちの五つです。一つ欠けているのは、「理解する」です。

## 真実6　教師として、私たちは生徒の人生にとてつもなく大きな影響力をもっている。生徒をエンパワーすることは、その影響力を増大させることになる。

「真実6」は、教育現場で仕事をしている人なら誰でも知っている「私たちには影響力がある」ということです。私たちは変化をもたらします。それが、この職業を選んだ理由でもあります。そして、それがこの職業を好きな理由であり、辛いときでも前に進める理由となっています。

エンパワーした環境は、教室の枠を越えて影響力を維持し、生徒たちが学年を上がっていったあともパワフルであり続け、私たちと生徒のつながりを築いてくれます。今以上に、教育にかかわっていてよい時期はないと思います。教育は、生徒たちにたくさんの機会との橋渡しをするという役割を担っています。知識の「門番」としての役割から私たちは退き、その代わり、生徒の隣で「学びの旅」を一緒にする必要があるということです。

以上に挙げた六つの「真実」は、教育の流行や次善の策に対して毅然とした態度を取る際と、学校における生徒たちの体験をもっとも意味のあるものにする際に私たちを助けることになります。

# 第3章

## 生徒をエンパワーすることは、情熱、興味関心、未来を追求するために必要となる知識とスキルを彼らに提供すること

私（A・J）が高校生のときはほとんどスポーツ（アメリカン・フットボールとバスケットボール）ばかりをしていたので、女の子たちとどのように付き合えばいいのか分からないという日々を過ごしていました。また、自分の興味関心を追求する機会なども与えてもらったことがないので、学問的なことについても一切気にしないことにしていました。たまに授業で何か面白いことをしたときでも、それを完全に受け入れたり、プライベートな時間に追究しようとしたことはありません。

グーグル以前の世界、つまりアナログの時代では、もし自分の関心事を追求したいと思ったら本か記事を見つけて読むことが必要でしたし、その後も継続して探し続けることが求められました。一六～一七歳の私にとっては、やらなければならないことが多すぎて（少し怠け者でした）、思考停止を装い、ほかの多くの生徒と同じようにちゃんと勉強をしている振りだけをしていました。

「教科をおもしろくすること」から

生徒の興味関心を引き出すことへの転換

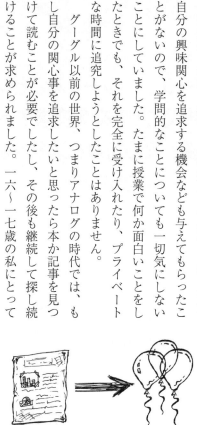

そこに、フリン先生が現れたのです。私が好きだった教師の一人ですが、もっとも嫌いな教科である数学を教えていました。私にとって数学は、英語（日本の国語）や社会科のように簡単ではなかったので、努力をしなくなり、最低限のことしかやりませんでした。フリン先生は私の「学びの旅」にかかわるべきではなかったのです。なぜなら、数学の授業中、私は関係のないメモを回したり、クラスメイトの誰かを相手にしてふざけていただけだからです。

ある日、教室に入ると、フリン先生が後ろにあったテーブルを前に持ってきて、その上で寝ていました。最初はふざけているのかと思ったのですが、すぐに先生が背中を痛めていたことが分かりました。黒板を指さし、修正するときは物差しを使うといったように、横になりながら授業をしたのです。

当然、家で休養するために、翌日は先生が来ないものだと誰もが思っていました。しかし、教室に足を踏み入れると、前日と同じくフリン先生はテーブルの上に横になって、授業をはじめる用意を整えていたのです。

人生のなかでマインドセット（考え方ないし思考の枠組み）が転換する瞬間が何度かあります。数学が嫌いな私でしたが、この日から悪ふざけをすることはやめました。普通なら家で休養をとって治

寝ながら授業をする

すところを、フリン先生は痛さに堪えて毎日学校にやって来て、私たちを教え続けたのです。

フリン先生が立って教えられるようになるまで一か月かかりました。そしてある日、先生が私に、「次の年、コンピューター・プログラミングの科目を取らないか」と尋ねたのです。すでに数年間その科目を教えていましたが、登録者数が少なくて、次年度も開講できるだろうかと先生は心配をしていたのです。

何と答えていいか分かりませんでした。私がその科目を好きになるかもしれないと先生が思ったこと自体が驚きでもありましたが、「考えてみます」と答えました。そして数日後、私は登録しました。その科目が好きなわけではなく、素晴らしい先生が教えるということを知っていたからです。

私は、フリン先生のコンピューター・プログラミングの科目を一一年生[1]のときに取りました。その科目の学習は想像していたものとまったく違っていました。相変わらず数学や数字が得意になるわけではありませんでしたが、その科目が数字や数式のパワーを教えてくれたのです。正しい式を使えば、テストで正解を得る代わりにプログラミングがいろいろなものを動かすのです。

私たちは、「パスカル」と「ベーシック」という二つのプログラミング言語を学びました。それほど難しいものではありませんでしたが、やり甲斐があったので授業中は集中して取り組み、学校での自習時間や家でも復習をするなどといった具合に時間を費やしたほどです。

一学期だけの科目であったため時間が制限されていました。そのため、前半を素早く終わらせて、自分たちのプロジェクトを行うための時間を後半につくり出す必要がありました。私の考えでは、生徒がプロジェクトに取り組むと学びのプロセスに切迫感をもたらし、プラスに働くと言えます。もし、生徒と教師が同じ考えをもっていたならより効果が高くなるでしょう。

私の最終プロジェクトは、プログラミング言語を使って任天堂の「テクモボウル」と同じように機能するフットボールのゲームをつくることでした。このために、私はたくさんの時間を費やしました（あまりにも多すぎて、どれくらいだか分からないぐらいです！）。しかし、私がつくったフットボールゲームはちゃんと動きませんでした。ゲームが終了しなかったのです。ハーフタイムも、クオーターもありませんでした。でも、「テクモボウル」と同じような機能や性能をたくさんもっており、クラスメイトと私はそれで遊ぶことができたのです。**最高でした‼**

残りの高校生活も同じこと（スポーツと女の子たちです！）を心配しながら過ごしましたが、学ぶことに対する見方はかなり変わりました。大学に進むと、私はこれまでになく「課外活動」に時間を費やすようになりました。プログラミングの経験が、今の学び方と教師という職業に私を導いてくれたわけです。

（1）　アメリカの高校は四年間なので、その三年目です。一二年生が卒業年次です。

こんなストーリーを私が話すのは、生徒に自分で「痒いところをかかせる(2)」ことをしていないと説明するためです。もし、フットボールゲームをプログラムする必要がなかったら、私は数学も公式も学ぶことはなかったでしょう。興味をもっていたこと(フットボール)と最終成果物をつくることが、自分の時間を使って、しかもすごいスピードで私に学ばせたのです。

フリン先生は、プログラミングの授業において、「熱心に取り組むように」と私に指示を出したことはありません。その代わり、創造的なプロセスで刺激を与え、「学び手」になるだけでなく「つくり手」になるように私をエンパワーしたのです。

## それは、生徒が熱心に取り組むことからはじまった

数学の授業においてフリン先生は、生徒たちが熱心に取り組むように努力していただけでなく、それ以上のことをしていたことを私はいつも思い出します。それによって、単なる話し合いでは実現しないであろう教師と生徒の関係を築いていたのです(3)。私は、フリン先生が毎日教室で提供してくれたものに対して最大限の敬意を払っていました。

教師になって最初に教えた中学校で、私は熟練の教師であるジェン・スミス先生と仕事をともにする機会がありました。彼女は、私の面倒を本当によく見てくれました。彼女のもっともよか

った点は、自らの授業において、生徒たちが夢中で取り組むように最大限の努力を続けていたことです。私たちは、八年生に国語を教えるチームのメンバーでした。授業の準備をするためのミーティングで、彼女はいつも次のように言っていました。

「これは去年実践したことですが、今年はさらに魅力的なものにしたいです。生徒がより熱中できるように、テクノロジーを使うか……ほかのアイディアは考えられませんか？」(4)

彼女は私たちに、質問をはじめる（ＬＡＵＮＣＨサイクルの第二段階）前に、見て／聞いて／学ぶ（デザイン思考のサイクルの第一段階）(5)ように促したのです。あるとき、文学上のテクニックを教えることで私たちは苦労をしたことがあります。当然、生徒たちも苦労しているのだろうと思い、チームのメンバーで次のような質問を出しました。(6)

・生徒たちは、なぜ文学上のテクニックを気にするのか？
・文学上のテクニックを学ぶ一番いい方法とはどのようなものか？
・単に反復させるのではなく、学んだことを評価する最善の方法は何か？
・生徒に目的を理解させ、それを実際に応用させるのに一番いい方法は何か？

---

（２）「ニーズや欲求を満たす」という意味だと思います。
（３）彼はいつも行動で示し、話すこと以外の意思疎通の方法を大切にしていました。
（４）詳しくは、一二八〜一三二ページを参照してください。

これらの質問に答え、前年度の生徒の作品を見ることで、私たちは問題となっていることを理解しはじめました（第三段階）。(7)

文学上のテクニックを学ぶのは、いつも退屈なことだと思われています。それらが、面白いものとして紹介されることは決してありません。でも、八年生で学んだことにしないといけないのです（もちろん、州の学力テストにも出ます！）。

私たちはブレインストーミングをはじめ、夢中で取り組めるような文学的テクニックの教え方がないかと考えました（第四段階）。すると、同僚の一人がいいアイディアを出しました。彼女は、「流行歌は、歌詞のなかで常に文学的なテクニックを使っている」と言ったのです。

彼女のアイディアをもとに、私たちは「あなたの文学的テクニック教育へようこそ」と名づけ、自分たちのラップソングをつくりはじめました（第五段階）。もちろん、それを大いに楽しみました。

私たちのチームは（結構、年齢の上の人が多かったのですが）、それぞれにラッパーとしての名前を付け、文学的テクニックを使いながら歌詞を書き上げ、私が「ガレージバンド」(8)の曲を付けました。そして、長い時間をかけて、いいところとそうでないところを明らかにして（第六段階）、歌詞や曲の調整を行いました。さらに、それを動画にしてオンラインに流したのです。最終的には、生徒たちとそれを共有しています（第七段階）。

生徒たちはひどく興奮して、私たちのことを笑っただけでなく、それをiPodにコピーして家でも聞きはじめたのです。この歌は「bit.ly/2qiezVy」で聴くことができます。とても恥ずかしいですが、問題となっていたことを協働して解決し、同僚とつくり出したという経験は思い出すだけでも楽しいものです。

---

（5）デザイン思考は、今では一般的に「共感→問題定義→アイディアの創造→試作→テスト」の五つのステップで行われるものと理解されていますが、そこに至る過程には長い時間がかかります。https://ja.wikipedia.org/wiki/%E3%83%87%E3%82%B6%E3%82%A4%E3%83%B3%E6%80%9D%E8%80%83を参照してください。本書の第7章で紹介されているＬＡＵＮＣＨサイクル、作家や読書のサイクル（https://wwletter.blogspot.com/2012/01/blog-post_28.html）、理科や社会科の探究のサイクル（『だれもが〈科学者〉になれる！』の一六ページを参照）、算数・数学の問題解決のサイクル（『教科書では学べない数学的思考』の二七六ページを参照）、さらには会議のサイクル（『会議の技法』の一七一ページを参照）と同じです。

（6）比喩、時代錯誤、突然のひらめき、物語の展開の暗示、メタフォー、擬人法、風刺、調子など三〇以上のテクニックを指します。

（7）段階はＬＡＵＮＣＨサイクルの段階を示しています。詳しくは、第7章を参照してください。

（8）アップルが開発・販売するmacOS/iOS用の初心者向けの音楽制作ソフトウェアのことです。

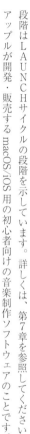

## 私の教室にいるエンパワーされたつくり手たち

生徒たちは夢中なって文学的なテクニックを覚えましたが、常により良いものを求めている同僚のスミス先生は満足しませんでした。生徒たちはガレージバンド、ユーチューブ、オーダシティ[9]などを使って、自分たちのポッドキャストや歌、そして動画をつくりたがったのです。

## これはジャンプです

しばらくの間、私は生徒たちを夢中にさせることに焦点を絞りました。私たちはそれを、学びを意味のあるもの、関連性のあるもの、社会性のあるもの、人間的なものにすることで実現しようとしたのです。生徒

**デザイン思考は出発点としてはいいですが、十分ではありません。**

私たちはデザイン思考が大好きです。それで本(*)まで書きました。それについて、私たちはいつも話していますし、夢中にもなります。教えるとき、生徒を導くとき、何かをつくるときに、私たちはデザイン思考を使っています。しかし、それは単なる枠組みでしかないのです。枠組みだけでは足りないのです。

（＊）　２人の前著『LAUNCH（〈ロケットなどの〉打ち上げ)』のことです。

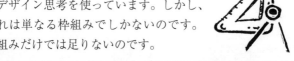

たちの興味関心を惹きつけ、しかも適切な難易度において課題などを提供することができたので、彼らの集中力とコミットメントは極めて高いものでした。

生徒にポットキャストや歌をつくれるようにし、その過程で試行錯誤をし、彼らの行っていることをサポートし、彼らの努力とプロセスを認めたことで、私たちは彼らをつくり手としてエンパワーすることができたのです。

生徒たちがデザイン思考のサイクルを回して、それを自分たちがつくり出す際の枠組みとして活用したとき、彼らは自身の学びに取り組んだだけでなく、本当に存在する聴衆のためにつくり出すという行為に夢中になっていました。

（9）　無料のデジタル・オーディオ・エディターです。

もし転換を望むなら、
創造性だけでは不十分です。
生徒たちがオウナーシップを
もつことが不可欠です。

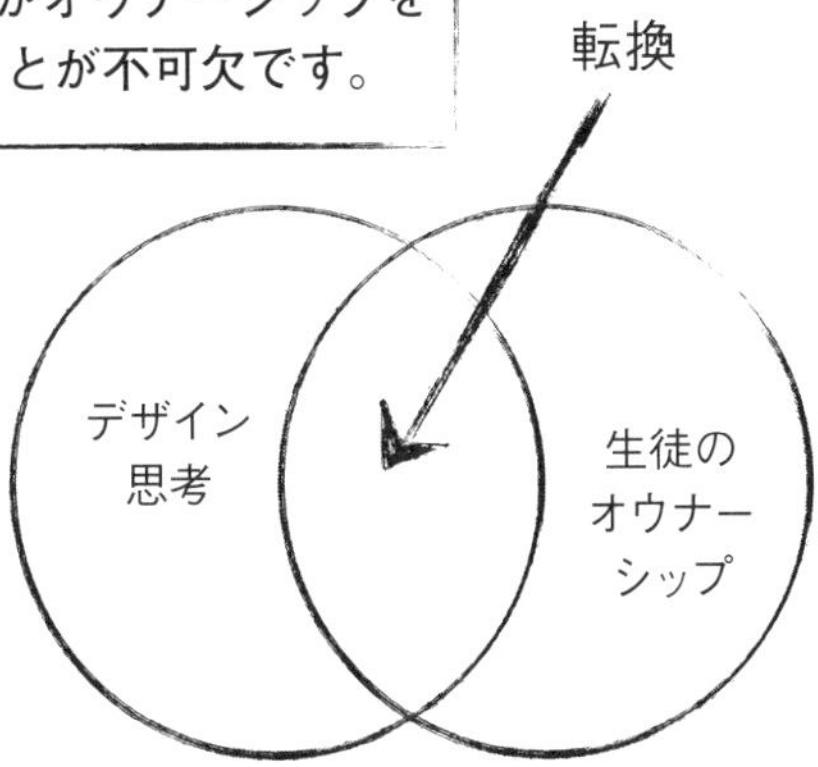

## あなたはジャンプする気がありますか?

フリン先生が痛い背中を我慢して一か月にわたってテーブルの上から教えたという事実が、私の心を捉えました。それ以上に、私たちがコンピューター・プログラミングのクラスで取り組んだ授業や活動、そしてプロジェクトこそが、案内役としての彼のありがたさを私に感じさせてくれました。

同じく私たちの生徒も、教師が文学的なテクニックについての歌をつくり出すためにかなりの時間とエネルギーをつぎ込んだことに大喜びしましたし、感謝もしてくれました。しかし、そんなことよりも、彼らがポッドキャストや歌をつくり出せるようにエンパワーしたとき、彼らの学びが転換したということのほうが大きな意味をもちます。

私の望みは、フリン先生が私にしてくれたように、単に熱中して取り組むだけでなくエンパワーし、私の人生を変えたように、生徒の人生に影響を与えるような教師になることです。フリン先生の教え方(テーブルに寝ながら)と、コンピューター・プログラミングのコースに私を誘ってくれたことがどれほど意味のあったことかについて直接彼に伝えたことはありません。でも、フリン先生のように、自分が知らぬ間に生徒の人生を変える教師に私たちはなれるのです。

# 第 4 章

# 生徒の選択こそが、オウナーシップとエンパワーメントの肝

## 「必要とすること」から「切望すること」(*)への転換です。

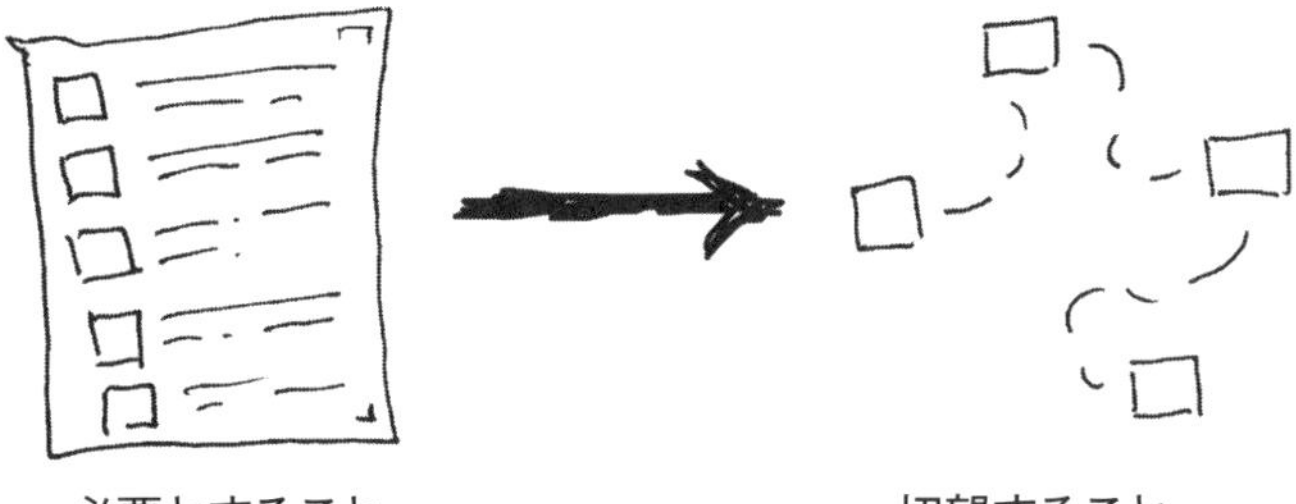

必要とすること　　　　　切望すること

(*)　英語では、発音の観点で「Require」から「Desire」へと言葉遊びが含まれているのですが、残念ながら翻訳だとそれが出せません。申し訳ないです。

伝統的な教育制度では、毎年、生徒たちは同じ落とし穴に落ち続けます。学びの道筋を選ぶという機会を彼らは与えられることがありません。そして学校を、最高の価値のある学習体験としてではなく、「苦役」として捉えています。

高校生になるころまでには、八三パーセントの生徒がストレスを感じており、六七パーセントが半分以上の時間は「退屈」だと答えています[原9]。そして、多くの生徒が「学校ごっこ」に慣れている一方で、それなりの成績を上げられずに希望する大学に入れなかったらどうしよう、と心配しています。

結果的に、学校で自分の情熱を見つけたり、磨けたりするチャンスが得られない生徒を大量につくり出していることになります。彼らの多くは、人生において何をしたいのか分からずに混乱した状態で大学に入ったり、社会人になったりしています。それは、あらか

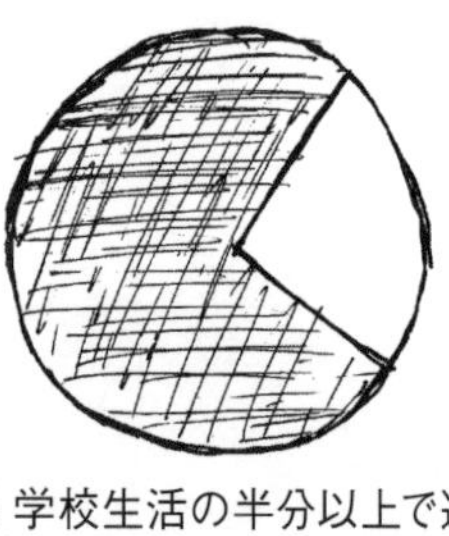

図 学校生活の半分以上で退屈

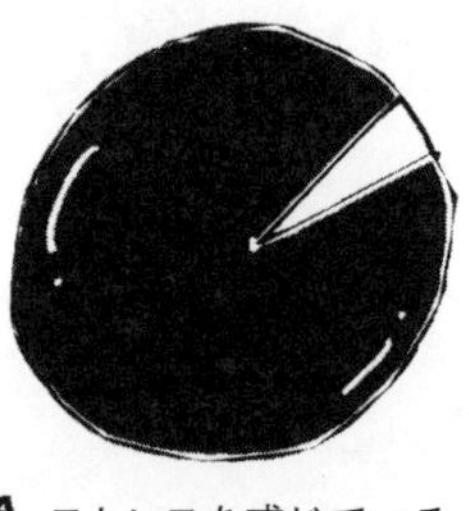

図 ストレスを感じている

付記・もし、図を半分に折り、開いたり閉じたりすると「パックマン」のストップ・アニメーションが見られます。何と素晴らしいことでしょう！パックマンとは、ナムコ（後のバンダイナムコ・エンターテインメント）が1980年に発表したコンピューターゲームです。

じめ用意されたレールの上を一二年間歩いているだけでよかったからです。これらの生徒の多くは、「安全」だったり「実務的」と自身が考える職業に就くことになりますが、個人的なつながりや興味関心をもつことがほとんどありません。

あなたは、自分の仕事を「嫌いだ」と話す大人に会ったことがありますか？　私は、たくさんあります。それは、必ずしも彼らのせいではありません。社会の制度が学校で情熱を見つけ出すという機会を得られなくしているからです。その代わり、やり過ごす最善の方法はその行為を続けることだ、という人生訓を学んでしまうといった大人をつくり出しています。

このような状況は、一つの要素である「選択」を学校に加えることですぐに変えることができます。

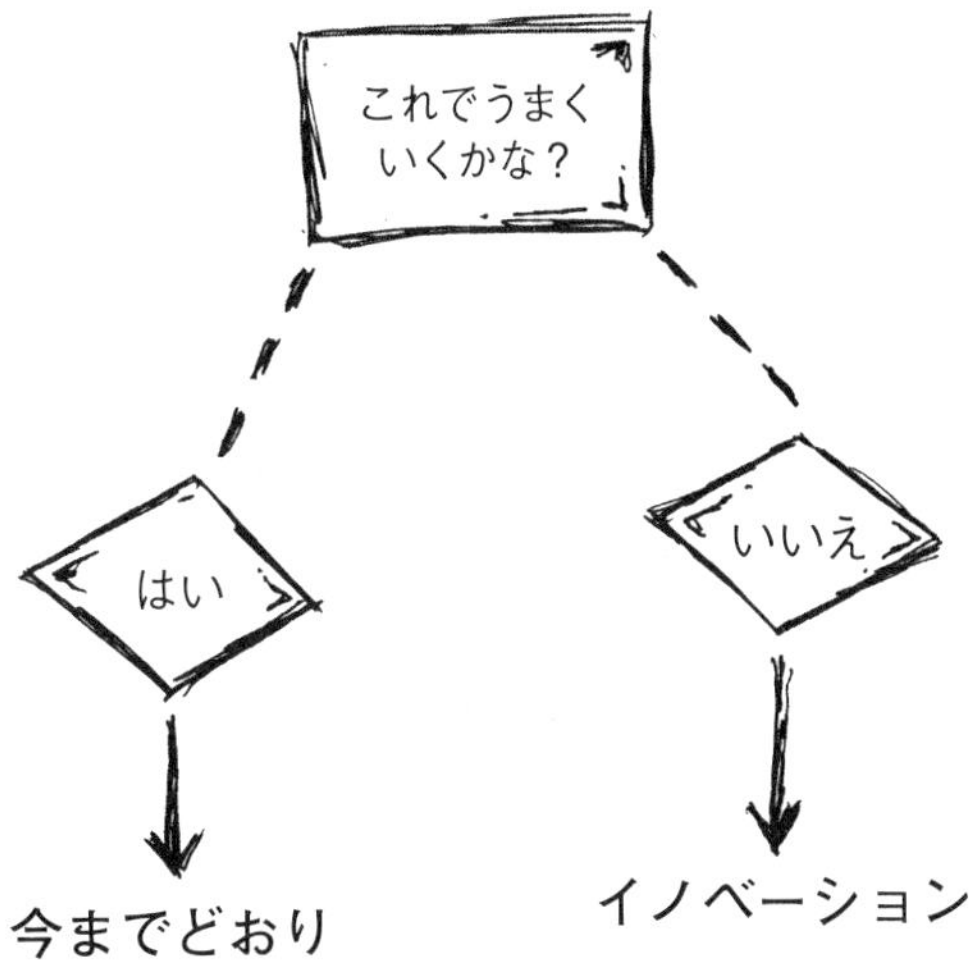

## なぜ、選択が学校にとって大切か

どのような選択かというと、生徒が吸収する内容、学校の内外で取り組む活動、取り組む評価、そして学ぶ目的などです。

選択は、学びのオウナーシップを生徒にもたらします。それは、エンパワーメントをより高いギアに上げます。そして最終的には、内発的で(個々の生徒の内から湧き起こる)、パワフルで、深い学びに導くことになります。[1]

私(A・J)は、そのような変化を実際に見ています。数年前、私は「20パーセントの時間」というプロジェクトの形で生徒たちに選択を提供しました。勤務時間の二〇パーセントを自分が情熱をもっていることに費やせるように「グーグル」が従業員に行ったのと同じように、授業時間の二〇パーセントを、生徒が情熱をもっていることについて何でも学び、研究し、つくり、そして創造する時間として提供したのです。

多くの生徒が、最初のうちは提供された時間をどうしたらいいのかと困

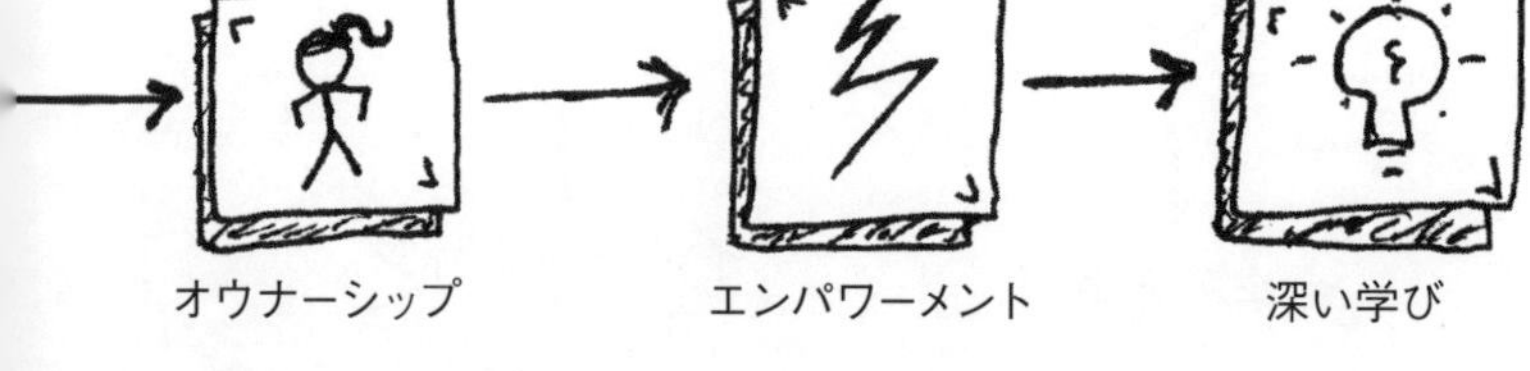

っていました。ルーブリックやガイドライン[2]なしで、自分で進む道を切り開くことが難しかったのです。しかし、徐々に生徒たちは自分が興味のあることを見いだして、自分たちがつくり出したものから深い学びの目的を獲得しはじめました[3]。

選択は、「20パーセントの時間」や「才能を磨く時間（Geneous Hour）」のような純粋な形で提供する必要はありません。制約がより多くの創造性を引き出すからです。創造的な制約が、革新的なブレークスルーをもたらす可能性となるのです[4]。

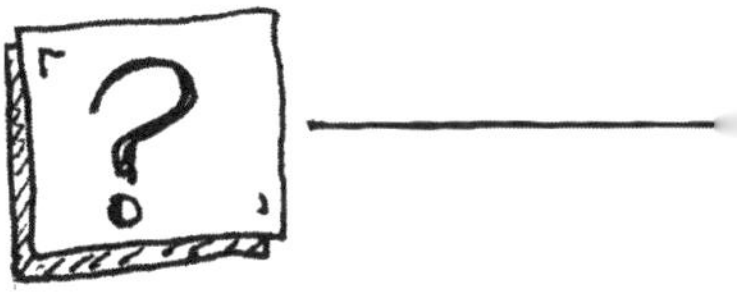

選択

---

（1）「その選択をどのように設定したらよいのか、教師は頭を悩ませていると思います」というコメントを翻訳協力者からもらいました。その情報を提供してくれている本としては、『教育のプロがすすめる選択する学び』が最適です。

（2）これらは両方とも、目指すべき目標／規準を示した資料と理解してください。ガイドラインはそれがリストの形で、ルーブリックはそれが段階別の表の形で示されていることが多いです。

（3）学び方が一八〇度転換するのですから、多少の時間はかかります！

（4）「そうそう、これがまた面白いところですね。人間の能力も、何か障害やハードルがあると一気に潜在能力が開花したりするというのも興味深い事象です。グーグルの叩き出した二〇パーセントという絶妙な割合も、非常に興味深いものです」というコメントを翻訳協力者からいただきました。

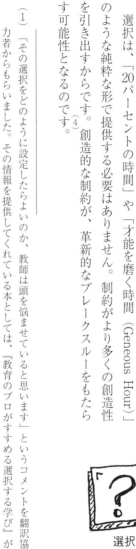

授業で光合成を学習するときはどうなるでしょうか？　基本を学ぶために多様な選択肢を生徒に提供したあとで、彼らが身につけた知識でビデオをつくったり、口頭でのプレゼンテーションをしたり、ポッドキャストのインタビューを行ったり、紙芝居形式かコンピューターでインフォグラフィックをつくったりするなど、さまざまな形で紹介をしてもらうのです。

たとえ制約のあるなかで提供されたとしても、選択はオウナーシップと自立性の感覚に影響を与えます。(5)

## 学校で「新しいことを試す」以上のこと

TEDトークや『CREATIVE SCHOOLS—創造性が育つ世界最先端の教育』（岩木貴子訳、東洋館出版社、二〇一九年）の著者で有名なケン・ロビンソンが次のように言っています。

「自分の才能や情熱を見つけられるか否かは、その機会に負うとこ

**学校のやり方を変えるということは、生徒自身に自分のやり方をつくり出す許可を与えることを意味します。**

**これがエンパワーメントです。**

ろが大きい。セーリングに行ったことがなかったり、楽器をもったことがなかったり、教えたり、小説を書いたりしたことがなかったりしたら、そうしたことで自分の才能があるのかどうかをどうやって知ることができるというのか？

彼の考えを、さらに一歩進めたいと思います。学校は、いろいろな機会を生徒に提供していることを誇りに思っているということです。

私を含めて多くの教師が、好きな職業として教育を行い、生活の糧を得るためのとてもよい仕事と捉えています。(6) それにもかかわらず、私たちの多くが、生徒に新しいことを奨励する努力を忘れており、その代わりに新しいことを要求してしまうという問題を抱えています。(7) 些細な違い

(5)「この制約の付け方を教員は学ぶ必要があると思っています。これができないからすべてを縛り付けてしまうのではないかと私は思います。おそらく、誰も縛り付けたいとは思っていないでしょう。しかし、縛り付けないと生徒が何をするか分からない、自分は何をすればいいか分からない、という不安感をもっているのです。『理解をもたらすカリキュラム設計』と『「学びの責任」は誰にあるのか』が参考になっています」というコメントを翻訳協力者からいただきました。先に紹介した『教育のプロがすすめる選択する学び』もおすすめです。

(6)「本当にそうでしょうか？　少なくとも日本では、そうは思えないのですが……」という翻訳協力者からのコメントがありました。

(7)　日本では、要求すらせずに、制限していると感じてしまう人も少なくないでしょうか？

のように思えますが、実は予期しない大きな結果を生み出してしまいます。奨励する場合は、選択肢を広げ、生徒の主体性を認めます。一方、要求することは、選択肢を制限し、服従を押し付けることになります。

デール・カーネギー（Dale Breckenridge Carnegie, 1888~1955）が次のように述べています。[原10]

**「私はイチゴクリームが大好物だが、魚はどういうわけかミミズが大好物だ。だから、魚釣りをする場合、自分のことは考えずに魚の好物のことを考える」**

何が生徒の注目を引くのか、私たちには予想できません。私たちは、生徒を夢中にさせるものは選べないのです。さらに私たちは、彼らがオウナーシップをもてていないのに、彼らに高いレベルの集中とコミットメントをもつことを学びで強制することはできません。

選択は、釣り糸を生徒自身で投げ、釣り針にどんな餌をつけたらいいかという機会を提供します。その結果、学びが生まれるのです。それは強制したからではなく、生徒の好奇心と探究に関連しているからです。

学校を改革するのに、既存とされるすべてのシステムを解体する必要はありません。ゼロからやり直す必要はないのです。よって、昨日しているものを捨て去る必要もありません。その代わり、私たちの焦点を融通のないものからイキイキとしたもの(8)へと転換する必要があります。

完全な自由だろうが、制約があろうが、選択が生徒たちを深い学びに招くのです。そして選択が、そもそも学ぶことが好きであるという状況に呼び戻してくれるのです。つまり、選択が、私たちが夢に描いていることを現実のものにしてくれるということです。

覚えておいてください、転換は容易なのです。私たちの仕事は、生徒たちに何かを準備させることではなく、生徒自身が何でも準備できるようにサポートすることです。生徒に選ばせてあげてください。そして、彼らがすることを見守っておればよいのです。(9)

---

(8)　ここにも、「from rigor to vigor」という言葉遊びが潜んでいます。rigor は「厳しさ、厳密さ、辛辣さ、苦しさ、困難、苦難」、vigor は「活力、活気、勢い、力強さ、激しさ」などと一般的には訳されます。

(9)　この文章への翻訳協力者からのコメントを紹介します。「観察する奥深さと難しさを感じます。どこまでも、どこまでも観察力が求められ、自制心が求められ、正義感、公平性が求められ、判断力が求められ、想像力が求められ、共感力が求められ……思考力がいくらあっても道はほど遠いです。『見る』という単純かつ複雑な行為の追求は終わりがないですね」

# 第 5 章

## 学ぶための計画表を提供することが大切なのではなく、生徒が自分で計画をつくれるように助けることが大切

## 選択を提供することから、可能性を呼び起こすことへの転換が私たちには必要

それは、初任者のときのことでした。私（ジョン）は、生徒たちが行うプロジェクトのために準備を完璧に整え、一年のなかでも最高の授業になるという予感がしていました。何時間もかけて計画を練り、非の打ち所がないと言えるまですべての要素について私は修正を繰り返したのです――紙の上では。そして、突然、三時間目に真実を理解しました。私の授業は最悪なものでした。生徒たちが熱心に取り組むことはありませんでした。南北戦争（一八六一年～一八六五年）に関する新聞なんか、生徒たちはつくりたくなかったのです。

なかには、いかにも取り組んでいるように装っていた生徒もいました。話を聞き、質問に答え、そして新聞づくりに参加していました。ほかにも、南北戦争の政治マンガを描くのに興奮していた生徒もいましたが、何かが足りないことに私は気づいていたのです。

## 生徒たちが学びのオウナーシップをもっていなかった

当時、私は教えることを、知識を教師から生徒に引き渡すことと捉えていました。そのために私は、意味があり、面白く、挑戦し甲斐のある活動を休むことなくつくり出していました。生徒が興味を示さないときは、より多くのユーモアやポップカルチャーのひねりを導入して、生徒の受けがよくなるように努力をしました。しかし、それらは私が考えた活動であって、常に私が知識の引き渡し役を務めていたのです。

誤解しないでください。生徒たちはちゃんとプロジェクトを完成させていました。しかし、それらは、ユニットの最後に取り組むまとめのプロジェクトでした。正直に言うと、それらはプロジェクトではありません。むしろ、頭を使わない単なる手作業と言えるものでした。

授業で行っていたプロジェクトは、学校外で人々が行っている本物のプロジェクトとはかけ離れたものでした。やり方、方法、進め方、様式など、すべて私が決めていたのです。たとえば、「ペイント・バイ・ナンバー」(1)のようなプロジェクト・シートを生徒に渡していたのです。生徒が描けるなどということは、思ってもみませんでした。

誠心誠意私は取り組んできました。そのプロジェクトで何をすべきか、生徒自身にやるべきことをしっかりと知ってほ

（1）番号が振られた塗り絵用の線画に、番号と対応する色を塗っていくだけでプロ並みの絵が完成するキットのことです。

知識引き渡しモデル

しかったのです。そのために、何をするべきかについて、分かりやすい指示を出していました。しかし、もっとも重要な要素となる選択を省いていました。

今、振り返ると、それらのプロジェクトはすべて私のものであったと自己反省しています。それは、次のような意味です。

**私が、教材を選びました。**
**私が、内容を決めました。**
**私が、質問をしました。**
**私が、指示を書きました。**
**私が、プロジェクトの進捗状況を管理しました。**
**私が、すべき課題を決めました。**
**私が、ねらいを書きました。**
**私が、達成目標を決めました。**
**私が、やり方を決めました。**
**私が、取り組んだことがよかったかどうかを判断しました。**

**私は、恐れていたのです。**

**生徒自身ですべきことや方法、目標などを考え、自らのプロジェクトを創意工夫しながら管理してほしかったのですが、私は恐れていたのです。生徒が選択することの大事さを信じていましたが、同時に、あまりにもたくさんの懸念が頭の中に浮かんでいたのです。**

私の心配の種
校長がこれで私を
判断してしまう
かもしれない
生徒がテストで
失敗するかもしれない
どこに向かっているのか
予想できない
学習指導要領にうまく
マッチするか分からない
うるさくなりすぎる
かもしれない
生徒がおしゃべりを
してしまうかもしれない
カオス状態に
陥るかもしれない
時間がかかりすぎる
かもしれない
生徒が遊んでしまう
かもしれない
STOP
生徒が作業を
やめてしまうかも
しれない
生徒の取り組みを
見取ることができないかもしれない
賭け事をしている
ように感じる

要するに、私が事前にすべてを決めていたということです。

## 観光客からのぼったくり

振り返ると、生徒たちを各内容に導く観光ガイドのように私は振る舞っていたと言えます。一つ一つの授業は、事前に注意深く用意されたプレゼンテーションでした。私は、最大限に生徒たちを楽しませ、何がとくに面白いのかについても伝えていました。生徒たちがプロジェクトにしっかりと取り組んでいるような日には、何人かの生徒が質問をしましたし、話し合いも行いました。

しかし、私たちが観光バスから出ることはありませんでした。私たちは、すでにカリキュラ

私は「観光」教師だった

ムとして示されたルートのなかにしっかりと収まったままの状態だったのです。

生徒が退屈すると、私はエンターテインメントの要素を強化しました。彼らが困惑したときは説明の仕方を平易なものにしましたが、私たちは同じ方向を向いて、同じスピードで、同じ方法で進んでいったのです。そして、私が「指導」(2)という名前のバスを運転していました。

## それからすべてが変わった

すべてが変わったのは、州のテストがあるために何も計画されていない週でした。私は毎日三時間の社会科を教えなければならなかったのですが、この週は教えるべきことが何も指定されていませんでした。そこで、私は生徒に尋ねることにしました。

「何かつくりたいものはありますか？」

しばらく話し合いをしたあと、移民についてのドキュメンタリーをつくるプロジェクトがいいということになりました。生徒たちは小グループになって、そのテーマについてのリサーチをは

(2)　日本の場合は「教科書」と置き換えたほうが分かりやすいと思います。この訳者のコメントに対して協力者の一人が、「いわゆるプロジェクト学習といわれているものもこのようなことがあるのでは？　教科書に置き換えてしまうと、そこに気づくチャンスを失う可能性があることを危惧します」と書いていました。

じめました。次に起こったことは混乱でした。

私は、インタビューの仕方、ビデオの撮り方、実際にあった物語の話し方などのミニ・レッスンを行いました。何人かの生徒には、信頼できる情報を探すための方法について一対一で手ほどきをしましたし、共有ドキュメント(3)を使ってシナリオのやり取りもしました。

しかし、すべてがうまく運んだわけではありません。何人かの生徒は、自分の分担を最後まで終わらすことができませんでした。また、私たちは本当に存在する対象に向けての発表も行いませんでした。頭のいい何人かの生徒がイライラしていましたし、怖がってもいました。彼らは、このように失敗したことがなかったのです。思うようにできなかったために泣き出す生徒さえいたぐらいです。とはいえ、この混乱から何かが生まれたのです。生徒たちは、明らかにこれまでとは違ったのです。

これまで宿題を提出したことがない生徒たちが、自分から進んで近所に住む移民のビデオを撮りはじめました。これまで一度も授業で質問をしなかった生徒が、とても効果的なインタビューを行っていたのです。また、「自分はぜんぜん創造的じゃない」と私に言っていた生徒たちが、絵コンテを描いたり、ビデオの編集を行っていました。

インタビューの様子を撮影し、自分たちで台本を書き、必要な映像を見つけ、ほかのチームと協働して大きなドキュメンタリー作品づくりに挑戦したことで、彼らは文字どおり歴史をつくり出していったのです。

同時に彼らは、エンパワー(4)されていました。彼らは、興奮し、情熱を燃やして、つくり手になっていたのです。つまり、すべてが変わったのです！

成功した秘密は、新しいメイカー・スペース(5)でも、豪華なスタジオでもありません（生徒たちは、自分のスマホでビデオを撮影していました！）。もちろん、新しいプログラムや教育委員会の取り組みのせいでもありませんでした。成功の秘密は「自由」だったのです。教える内容が指定されていないという環境がゆえに、通常の授業という枠から外れることができたのです。その道は苦難の連続でしたが、同時に最高の冒険でもありました。

次の夏休み、私は次のように自問自答し、自分のクラスを徹底的に分析することに時間を費やしました。

**「生徒自身が判断できるのに、教師の私が判断してしまっていることは何か？」**(6)

---

（3）グーグル・ドキュメントやマイクロソフトのワンドライブなどを指しています。オンラインで誰でもいつでもどこからでもアクセスできるので便利です。

（4）エンパワーの意味については、三ページの訳注を参照してください。

（5）本書の一三四ページと『作ることで学ぶ――Maker を育てる新しい教育のメソッド』を参照してください。

屈辱的でした。私はめちゃくちゃ働いていたのに、生徒たちは退屈しているか、私に楽しませてもらっていたことに気づいたのです。クラスの規則、進め方、教え方、指導案、プロジェクト、評価など、私はすべてを見直すことにしました。そう、すべてです。

そして、「脱線できる」と私は悟ったのです。生徒たちがオウナーシップをもてる（やり方を自分のものと思える）ためのリストを可能なかぎり挙げました。次に示すのが、そのなかでも大切だと思う点です。

## ①ゴールは生徒たちが決める

同じルートを常に通るのではなく、生徒に内容を探究させることにしました。彼らが自分のマニアック的な（あるいは、マニアック的でない）興味関心を踏まえて、テーマやサブ・テーマを決めるのです。

特定の内容については教えなければならないことを私は知っています。私には学習指導要領も教科書も与えられていますが、教科書は一つの指針（ないしルート）でしかないのです。そして、その指針は可能性を広げるものであって、選択肢を制限するものであってはいけません。この点については本章の後半で再び扱います。

## ②質問は生徒がする

すでに決まった質問に答えるのではなく、生徒は自分の好奇心に基づいて質問をします。時には、自分で出掛けていって質問探しをしてもよいでしょう。別なときには、相互に質問しあって、グループで探究してもよいでしょう。いずれにしても、探究のプロセスは生徒自身が担うのです。(7)

## ③学ぶペースは生徒が決める

観光客のアプローチは、みんなが一緒に行動することを求めます。しかし、ルートを外れた状態では、一人ひとりの生徒が自分のペースで進むことができます。な

---

(6)　似たような質問をある私学の中高一貫校でしたところ、「授業の七〜九割は生徒たちに委ねる／任せることは可能だ」と理科と社会の先生は言い切りました。残りは、入試の準備のために確保しておきたいとのことでした。現状でも、少なくとも七〜九割は探究的な、生徒にオウナーシップがある授業は可能なのです。なのに、現時点では六年間入試の準備の授業をやり続けているわけです。もし、七〜九割の時間の使い方が変われば、残りの一〜三割も生徒たちが主体的にこなせる可能性が高まると思いませんか？　小学校や中学校ではどうでしょうか？

(7)　生徒の質問づくりと探究のプロセスについては、『たった一つを変えるだけ』と『だれもが〈科学者〉になれる！――探究力を育む理科の授業』が参考になります。

かには先駆者として素早く進む生徒もいるでしょうが、一方では新しい領域を学ぶためにゆっくりと進む生徒がいます。しかし、誰も取り残されることはありません。競争でもコンテストでもないからです。それは、最高の冒険と言えます。

### ④使う道具は生徒が選ぶ

特定の活動を生徒が終わらせることを強要する代わりに、彼らが役立つと思ういかなるツールでも選択できるようにします。ある生徒は手書きのカードを必要とするかもしれませんし、別の生徒はコンピューターのスプレッドシート[8]を好むかもしれません。彼らがプロジェクトに取り組むとき、それに必要とされる道具と方法は彼らが決めるのです。

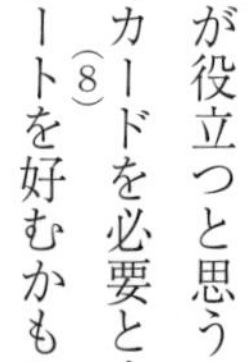

### ⑤学習目標は生徒が決める

私たちは、よく生徒全員に共通したその日の学習目標を設定することがあるわけですが、そんな場合でも、自分のニーズに基づいて選ぶ学習目標を追加で設定することができます。すべてのサポートは、強制的に提供されるものではなく、生徒が自分で選ぶのです。

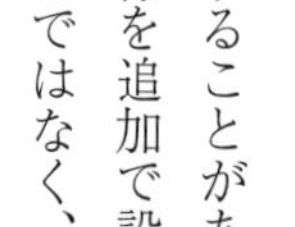

## あなたのクラスの学びを操縦しているのは誰ですか？

私は、生徒たちが怠け者になってしまうのではないかとひどく恐れていました。しかし、逆でした。彼らは、自分のしていることを大切に思ったようで、よりいっそう一生懸命に取り組んだのです。また、生徒たちが混乱して投げ出してしまうのではないかと心配しましたが、彼らはより創造的なリスクを取ったのです。さらに、すべての到達目標を押さえられるかと心配していましたが、生徒たちは必要なスキルをしっかりと磨くことに時間を割き、必要性を感じないものにあまり時間をかけませんでした。最後に、私はテスト結果を恐れていましたが、生徒たちは常に平均以上の点数を取ったのです。

常に完璧な仕事を私はしていたわけではありません。大失敗したプロジェクトもありました。子どものプロジェクトを助けすぎる親のように、手を入れすぎたこともありましたし、急《せ》かされて、生徒たちが終えることができないこともありました。また、枠組みを提供しすぎたことも、

（8）パソコン、スマートフォン、タブレットで、表を作成・編集・保存できるグーグルが無料で提供しているサービスです。

提供しすぎなかったこともありました。さらに、すべてがうまくいったときでも、あまりやる気を見せない生徒もいたのです。

現在でさえ、私は生徒に選択を与えるという旅の途上にあります。まだ教室で話しすぎますし、多くの判断を私は行ってしまいます。要するに、まだ生徒たちに自己管理させることに悪戦苦闘しているわけです。しかしながら私は、生徒が学んでいることに関して言えば、より多くの声と選択を提供することによって彼らを「エンパワーしている」と確信しています。(9)

## カリキュラム（教科書）はどうなりますか？

既存のルートを外れることはとてもいいことですが、「押さえなければならない学習指導要領とカリキュラムと教科書があるだけでなく、どの日に何を扱うのがいいのかという指導書まである」という現実が一方にあります。私たちは、生徒がみんな同じことを、同じ時に、同じやり方で、同じペースでするという、工場モデルのように標準化されたシステムのなかで仕事をしています。言い換えると、システムが最高の冒険のためにはつくられていないということです。したがって、あなたには創造的になる必要があります。

学習指導要領には何を押さえるべきかが書かれており、どのように押さえるべきかについては

書かれていません。それは可能性を広げるためのものであって、選択肢を制限するものではないのです。(10)

学校のカリキュラムには、特定の到達目標を特定の日に達成させようとする内容が書かれているかもしれません。しかし、それは一つのあり方を示しているだけなのです。時にあなたは、見えない可能性を見いだす必要があります。

ここで書いたことがどのような意味をもっているのかについて、以下で説明します。

❶テーマについて生徒が選択できる内容の到達目標を明らかにしてメモを取る。
❷生徒が探究したり、研究したりすることを、生徒自身が扱う内容を深く学ぶチャンスであると捉えると同時に、さまざまな教科のスキル（国語の「読む・書く・聞く・話す」領域における

---

(9)　このように生徒をエンパワーする学びについては、『教育のプロがすすめる選択する学び』と『成績をハックする』『宿題をハックする』などを参照してください。
(10)　しかし、学習指導要領をもとに書かれた教科書は、残念ながら可能性を広げるものではなく、限定的な授業をする道具になってしまっています。ぜひ、学習指導要領をベースにして自分たちのカリキュラムを考えてください。教科書は、あくまでもカリキュラムを実行する際の参考資料として位置づける程度で。何といっても、「主たる教材」のレベルのものでしかありませんから。『教科書をハックする』を参考にしてください。

スキル、算数・数学の問題解決能力、理科や社会の探究学習に必要なスキルなど）[11]を磨くチャンスであると捉える。

❸カリキュラムが押さえなければならない到達目標の速度を示していても、それは、生徒が特定の到達目標でマスターする（熟達の）レベルに到達するための練習を妨げるものではない。ただそこにあって、目指すべき指標として示されているだけである。

❹カリキュラムは、あなたに何を教えないといけないかを示している。しかし、あなたが何を教えてはいけないかについては示されていない。もし、生徒が到達目標を自分で設定して、自分に必要なスキルを真剣に練習しているときは、それこそが目指すべき大切な指標として、生徒の選択を認めてあげるべきである。

## 自分を生徒だと思ってください……

自らを、理科を学ぶ八年生だとイメージしてください。単元では、科学的な方法と「力と運動」が扱われています。ほかのクラスでは、教師はパ

**生徒が自らのルートを選択すると、彼らは学びに関する舵の取り方を学ぶ。**

ワーポイントのプレゼンテーションをしており、生徒たちはノートを取っています。その後、デモンストレーションをしてみせ、最終的に生徒たちもシナリオどおりの実験をして、その結果をレポートに書き上げて終わりです。(12)

しかし、あなたのクラスは違って、質問からはじまります。モノで遊ぶところからはじまり、そのスピードや動き、そして重力などについて質問をします。次に四人一組のグループになって「研究」をします。

ここでは、自分のペースや自分に合ったレベルの本を選んで読むことができます。あなたは説明文を読むことが得意ではないかもしれませんが、科学的な概念を説明しているビデオシリーズなどから助けを得ることができます。時には、教師があなたと一対一になって、テキストに書いてある重要な情報の見つけ方を示してくれることもあります。

---

(11)　それではいけないのですが、日本の場合はほとんど「教科書」と言い換えられてしまいます！

(12)　極めて典型的な、日本でも主流であり続けている理科の授業と言えます。そうではない授業を行った協力者からのコメントです。「この単元は日本では中二の内容です。私の生徒たちもジェットコースターの探究をやっていました。ものづくりの単元は、生徒が創造性を発揮しやすいです。生徒はコースターをもっと速く、もっと高くというように、自然と到達目標を設定します。もちろん、その目標は物理的な概念を学ぶには最適なものです。こちらから目標やペースをコントロールしなくても、どんどん学びが広がります」

このようなプロセスを通じてあなたのグループは、自分たちが考え出した探究のための質問に答えるためのビデオをつくりました。あなたたちが十分に試したり、研究したりした時点で、教師が課題を提供します。

あなたたちは、ジェットコースターのモデルをデザインすることになりました。突然、あなたたちは探究で学んだアイディアを応用したり、情報をさらに得るために読んだり、そしてアイディアを新しいプロトタイプに応用したりしています。最終的に、完成した時点で、新しい遊園地のアトラクションとしてどのジェットコースターがもっともいいかを選ぶためのコンペを開くのです。(13)

(13)　このような授業のつくり方が多様に、しかも具体的に書かれているのが『だれもが〈科学者〉になれる！――探究力を育む理科の授業』ですので参考にしてください。もちろん、理科以外の他教科でも応用できます！

# 第6章

## 生徒にオウナーシップを与えるというマインドセット

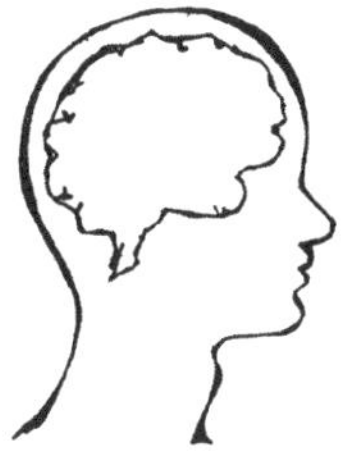

## 従順なマインドセットから、自立的なマインドセットへの転換

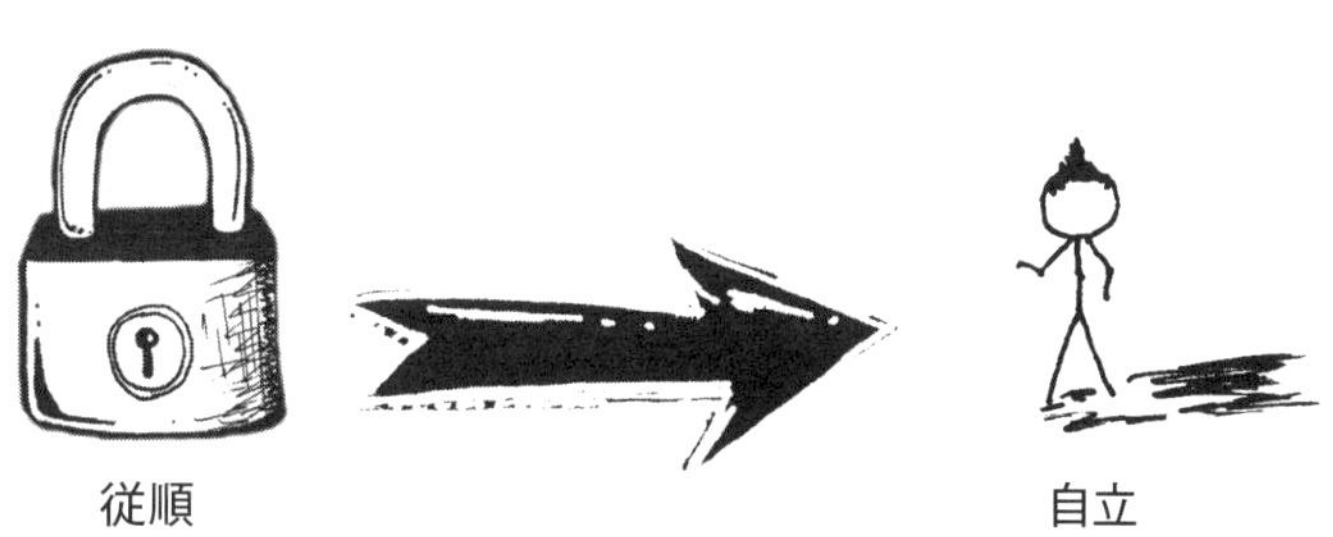

しばらく前までは、一生懸命勉強し、大学に行き、そして出世の階段を上るという慣例に従っていれば何事もうまく運びました。

その過程は、選択や情熱、そして興味関心とはまったく関係ありませんでした。すべてコンプライアンス（従順や服従）でした。時間さえ費やせば何とかうまくやっていけるというモデルでしたし、事実それは機能していました。誰もがその恩恵を常に受けたわけではありませんが、社会が認めた多くの人たちにとっては……。

## しかし、物事は変化している。

今存在している多くの職業が、ロボットやＡＩに取って代わられるという時代に突入しています。グローバルな経済は、企業がより安価な労働力を求めてほかの国に移動したり、発注したりする傾向をいっそう強めています。出世の階段はす

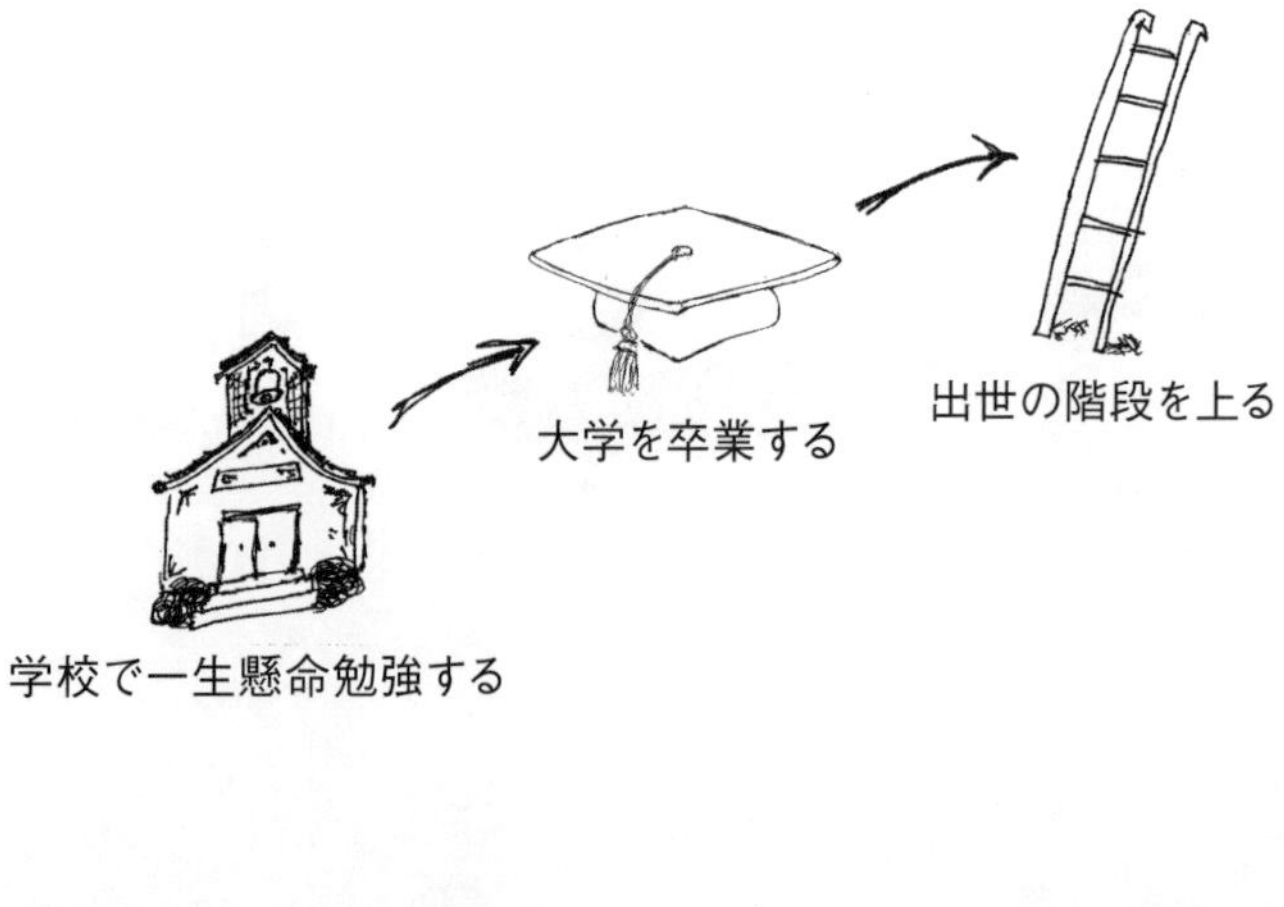

でに崩壊しており、それに代わって登場しているのが複雑な迷路です。私たちが今受け持っている生徒は、不安定さが常態化した労働マーケットに入っていきます。そこで彼らには、複雑な迷路を進むために、自立的で、伝統にとらわれず、創造的であることが求められます。これは恐ろしい現実です。

その一方で……。

**すべてには隠れた機会があります。習慣は変わったのです。それは、生徒たちが新しい習慣を書き直せることを意味しています。**

私たちの生徒は、「今はまだ存在していない職に就くことになる」とよく言われます。逆に言えば、私たちの生徒がそれらの仕事をつくり出す人たちでもあるということになります。すべての生徒が、次のグーグルやピクサー(1)、そしてリフト(2)などをつ

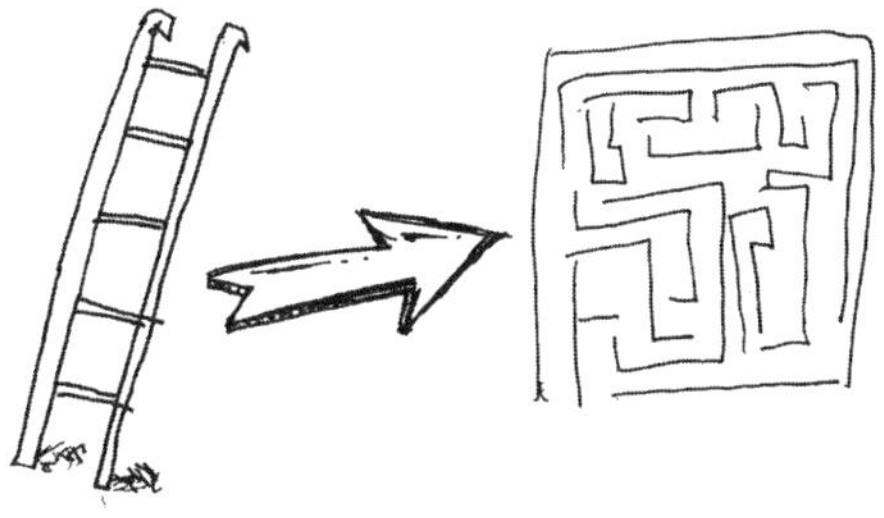

(1)　ピクサー・アニメーション・スタジオのことで、アップルに復帰する前のスティーブ・ジョブスがかかわっていたことでも有名です。

(2)　(Lyft)　カリフォルニア州サンフランシスコに拠点を置く運輸ネットワーク企業です。

くれるわけではありません。生徒のなかには、エンジニアやアーティストや会計士になる人もいるでしょうし、テクノロジー関係で働く人もいれば、伝統的な企業に勤める人、さらには市民・社会セクターで働く人もいることでしょう。たとえ就職口がどんなに広がろうと、生徒たちはいつか共通の現実に直面することになるはずです。それは、「変化の激しい世界を生き抜くためには、誰もが起業家のように考える必要がある」ということを意味します。

会社を立ち上げることはないかもしれませんが、世界とのつながりを保持するために、また自分の仕事をつくっていくうえにおいて、継続してつくり替える必要があるのです。言い換えると、何事に対しても機敏でなければならないということです

すべての生徒が起業家になるわけではないが、みんなが起業家のように「考える」必要がある。

これが理由で、私たちは過去数年、さまざまな分野の起業家をインタビューしてきました。その際、次の二つの質問をしました。

・あなたは、どんなことを学校で学べたらよかったと思っていますか？
・起業家として成功するために必要なスキルには、どのようなものが含まれていますか？

時が経つにつれて、身につけることができるスキルが大切なのではなくて、マインドセットのほうがより重要であるということに気づきました。その結果、私たちは、「起業家のように考えるとはどういうことですか？」という質問をするようになりました。その回答としてもっとも多かったのは、「自発的に行動できる人でなければならない」というものでした。

言い換えると、起業家は自分の番が来るのを待つことはなく、自分の考えをはっきりと表明するということです。機会を待つようなことをしませんし、誰かが尋ねてくれるなどとも思わないのです。彼らは指導書やマニュアルにも期待していませんし、アイディアを現実に、さらにはビジネスに変えるように率先して行動しているのです。必要なルールは自分で書くということです。

とはいえ、彼らは決して特別な人種ではありません。実のところ、アダム・グラント(3)が指摘したように、彼らもあなたと私と同じように怖がっているのです。さらに彼らは、（この点が鍵なのですが）自分のアイディアを追求しなかったときに起こることのほうをより怖がっています。

（3）（Adam M. Grant）アメリカの心理学者で、現在ペンシルベニア大学ビジネス大学院のウォートンスクールの組織心理学を専門とする教授です。彼の本やＴＥＤトークは日本でも人気となっています。

生徒たちは、自発的に行動できる人にならなければならない。

しかも、そこで終わりとはなりません。何かをはじめることが大切なのです。興味がなくなる数か月後には、たくさんのいいアイディアが立ち消えになるものです。

起業家精神には、「それはすごい！(it's a grind)」という言い回しが使われるときにはしばしば見落とされがちとなる、肝の据わった、しかも実践することが難しい局面があります。それは、かなり困難な状況でも自己管理できる人であることを指しています。自発的に行動する人を混沌とした状態でイノベーションを起こす人とするなら、自己管理できる人は締め切りとルーティンを守る人となります。

**自己管理なしに自発的に行動することは、**
**やり抜く部分が欠如しているので、**
**終わることのない仕事を抱えることを意味します。**

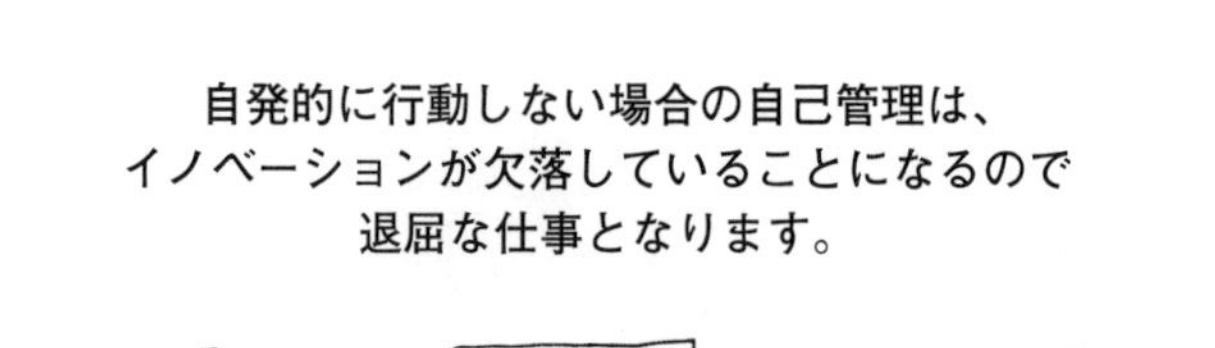


**自発的に行動しない場合の自己管理は、**
**イノベーションが欠落していることになるので**
**退屈な仕事となります。**

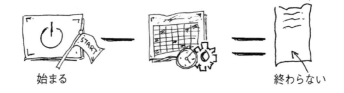

**生徒たちは、自己管理できる人にならなければなりません。**

私たちは「自立的な学び手」という表現を、同じマインドセットを説明する場合に使っています。それには、「自発的に行動する人」と「自己管理できる人」の両方が含まれています。

それでは、自立的なマインドセットの鍵となる二つの要素について探究していきましょう。

## パート1　自発的に行動できる生徒

私（ジョン）は、まだ英語を学びはじめて三年しか経っていないのに、オンラインで四本の小説を書いてしまった八年生を教えたことがあります[4]。学校での自由時間を使って、彼女はリードマグネットを開設するための方法も探していました。

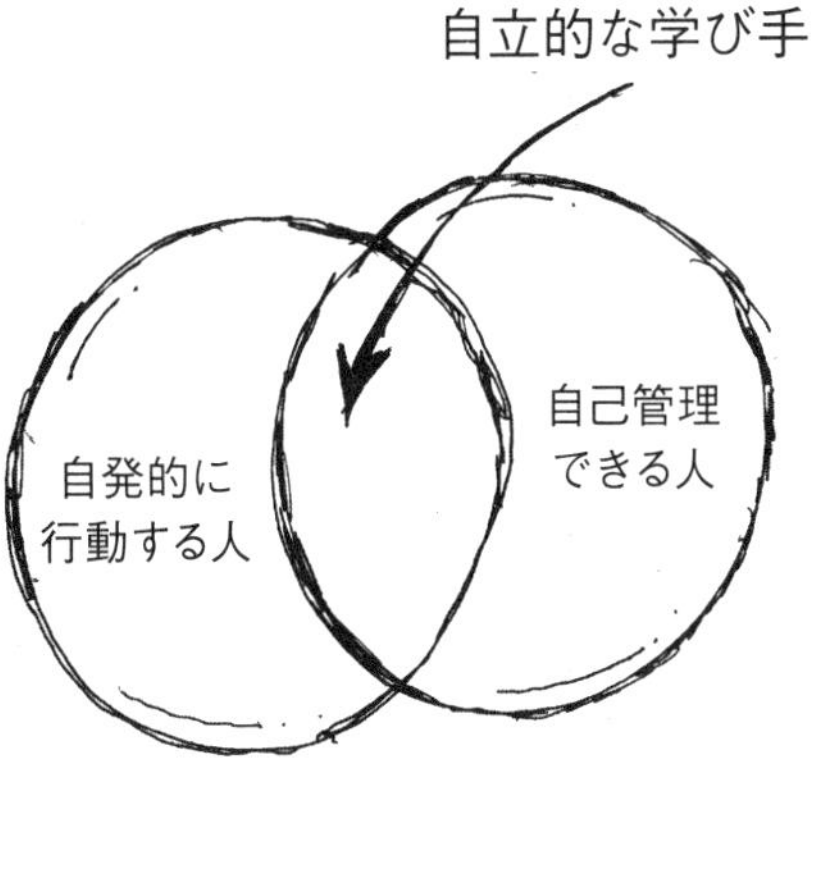

また彼女は、あらすじをサスペンスふうにするにはどうしたらいいのかについてや、人物を描くにあたって、説明ではなく行動パターンを使うにはどうしたらいいのかといったことを理解するために、たくさんのブログも読んでいました。

**彼女は、自発的に行動する生徒でした。**

さらに私は、六年生のときにスクラッチ(5)を自分で使えるようになり、それで遊びまくっていた男子生徒を受け持ったことがあります。とくに高校では、一人のある教師のサポートを受けたことで、彼の家族で初めて高校を卒業した子どもになりました。現在、彼は、エンジニアリングの大学院修士課程で学んでいます。

**彼は、自発的に行動する生徒でした。**

しかしながら、素晴らしい才能をもちながらも自分の夢を追いかけなった生徒たちも私は教えたことがあります。彼らは、自分に来るかもしれないと期待していた「誘い」をひたすら待ち続けていました。彼らは従順で、行儀はよかったのですが、自発的に行動する生徒ではありませんでした。結果的に、彼らは来ることのない「誘い」を待ち続けていただけなのです。

# 自発的に行動する生徒になるためには、どのような促し方があるのか？

## ①生徒に息を吹き込む

自分にとって大切なことであれば、生徒たちは主体的な行動を起こします。簡単なことのように聞こえますが、実現するのは容易ではありません。教師が、生徒の興味関心や情熱を活用することを意味します。扱っている内容が生徒にとって関係すると思えるようにして、生徒が行動を起こすようにするのです。そのような行為は、教室で学びはじめたことがあまりにも面白くて、家に持ち帰ってまで追求するときなどに起こっています。[6]

---

（4）リードマグネットとは、サイト主が顧客のメールアドレスを得る見返りに、顧客に有用な情報を提供することです。ここでは、彼女がサイト主になって、自らの作品（小説）を提供するサービスを行っているようです。

（5）ＭＩＴメディア・ラボの「ライフロング・キンダーガーデン」という研究チームによってつくられた無料のプログラミング言語のことで、世界中の子どもたちに広く使われています。

（6）このためには「子ども理解」や「見取り」が欠かせないのですが、あなたはどのような方法をご存じですか？『一人ひとりをいかす評価』が参考になります。

### ②主体的に行動する機会をつくる

生徒が自分で学びはじめられるような時間を、年間計画のなかに確保するのです。それは、探究ベースの「ワンダー・ウィーク」（二〇六ページ参照）や、少し長めの「才能を磨く（Genius Hour）」ないし「20パーセントの時間」（七六～七七ページ参照）のプロジェクトといった形で行われます。具体的なプロジェクトの例として、生徒が好きなジャンル、テーマなどを選んで書き続けるブログなどが含まれます。

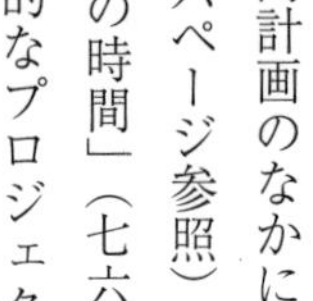

### ③道具を提供する

時に生徒は学びたい何かを思いつくことがありますが、それを実行するための道具、資料、教材が欠落していることが多いものです。もし、教師が道具などを提供することができたなら、生徒が何かをつくり出したり、学んだり、以前には考えもしなかった何かを追求したりするという主体的な行動を取るかもしれません。

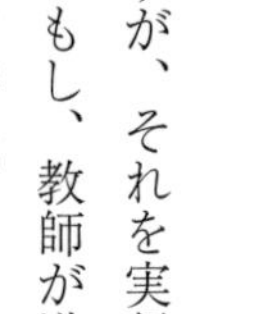

### ④創造的なリスクを取ることを奨励する

不安というものが、主体的な行動が取れない最大の壁となっています。それは、

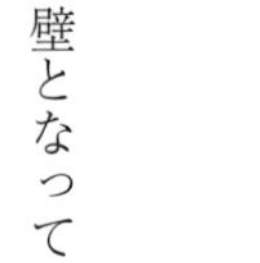

失敗する不安だったり、正しくやれないんじゃないかと思う不安だったり、自分が行うことをクラスメイトたちが好きになってくれないんじゃないかといった不安です。そんな不安のために、何かについて学びたいと思ったとしてもそれを追求しなくなってしまうのです。教師として、生徒たちがそうならないように、創造的なリスクを取ることを奨励してください。[7]

## ⑤思考のプロセスを見本として見せる

あなた自身が生活のなかで主体的に行動した事例を生徒たちに紹介するのです。もし、あなたが小説を書いているなら、不安やもがきを含めて、それについて話してください。主体的に行動する人でも、計り知れない自尊心や揺るぎない自信をもっているわけではないことを見せてあげてください。あなたの頭の中を見せることで、自発的に行動する人は、機会を見つけるだけでなく、自分でつくり出す人だということを生徒に示してあげてください。

（7）創造的なリスクを取るように奨励するだけでは足りません。不安の原因となるものを葬り去るクラスの人間関係や雰囲気がいいものでないと。これには、http://wwletter.blogspot.com/2010/05/ww.html　や　https://sites.google.com/site/writingworkshopjp/writingworkshop/answers/mudai-12が参考になります。

### ⑥認める

生徒たちが自発的に学びを起こしたり、探求しはじめるときはそれに注目してください。その行為は、早く終わったあとに発展的な学習を選んだり、マニアックな興味を見つけてそれを追求しているところなど、小さなことかもしれません。そうした主体的な行動の場面を見いだしたら、褒めてあげてください。そのような小さな習慣が、自主的に行動するマインドセットを育むのです。

### ⑦仲間（コミュニティー）を探せるように助ける

自主的に行動する人は「一匹オオカミ」ではありません。彼らは、そのプロセスを確実にするための同僚やメンターとつながっています。もちろん、生徒たちも同じです。

年長の生徒に対してはシャドーイング[8]のチャンスを提供したり、ゲストスピーカーを招いたりすることで提供できます。年少の生徒の場合は、興味関心を追求できる場を保護者が手伝って探すということになるかもしれません。

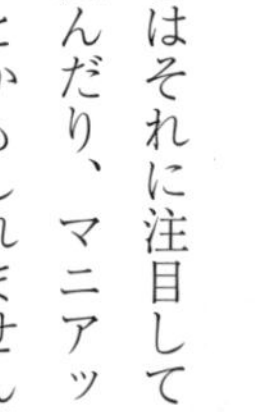

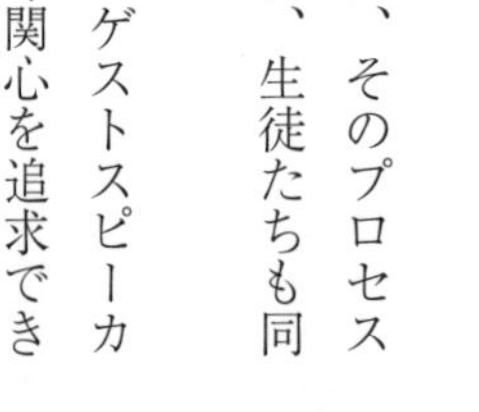

## パート2　自己管理できる生徒(9)

マインドセットの残り半分は、自己管理できる人についてとなります。自分の計画を最後までやり通すこと、そして見ている人がいなくても、自分がやると決めたことを「やり抜く」という力です。

しばしば、起業家に「単調な仕事」と呼ばれるものですが、それがあるからこそ私たちは結果を出せたり、目標に到達するためのチャンスを得るのです。同時に、それは真の仕事を見いだすことにもなります。以下に紹介するのは、そのために必要となる四つの重要な要素です。

---

(8)　モデルとなるような人のあとを、影になって何時間かついていくことです。徒弟制度は、まさにこれで機能していたと言えるでしょう。

(9)　「自己管理の仕方を教えるのはとても重要だと思います。そもそも、今のカリキュラムではこちらのレールに乗っているだけなので、これを教える機会も必要もありません。もっとも、われわれ教員の自己管理の能力が問われているのですが……」というコメントが翻訳協力者から届きました。まったくその通りで、もし教師に自己管理能力が備わっていたら、昨今脚光を浴びている「働き方改革」も必要ないでしょう。

## 要素1　目標を設定して進捗状況を管理する

自己管理は、自分は何をしているのか、自分はどこに行こうとしているのか、次にする計画は何かといった感覚をもつことからはじまります。このような感覚をもっている生徒には、自分がしていることだけでなく、なぜそれをしているのかという自覚もあります。

この二つに関して意識がもてると、生徒は目標を設定することができます。たとえば、学習目標やプロジェクトの目標などです。目標が設定されると、そのあとは自らの進捗状況をモニターし、自分がしていることと次に何をすべきかを振り返ることで常に改善することができます。

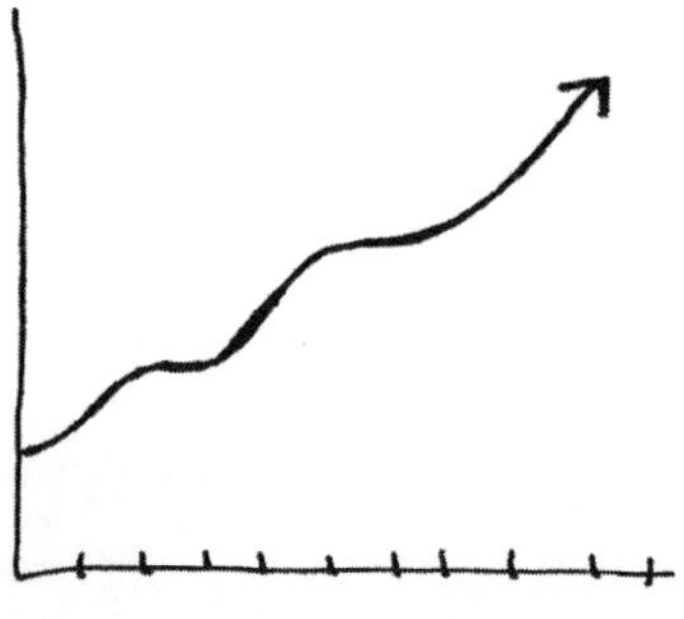

## 要素2　課題を小さい部分に分け、それぞれに締め切りを設定する

自己管理できる人は、大きな課題を小さく分けて、それぞれに締め切りを設けることができます。時間、資源、そして具体的な行動に関して、必要となるものを現実的に考えることができる

ということです。これは、プロジェクトを管理するうえで極めて重要な能力となります。この能力には、全体像、細部、そして両者の複雑な関係が見えているといったことが含まれます。

しばしば教師は、プロジェクトのいくつかの段階に形式的な締め切りを設定することがあります。しかしその行為は、生徒が磨かなければならないプロジェクト管理の大事なスキルを奪い去っていることになります。そうではなく、生徒が自分で課題を小さく分けて、現実的な締め切りを設定するようにすれば、プロジェクトを単なるアイディアから現実のものにする能力を身につけることができます[10]。

## 要素3　問題解決と柔軟な思考

課題と締め切りは、自己管理には大事な要素ですが、計画どおりに進まないのが物事の常です。世界でもっともよくできた計画をつくったとしても問

(10)　これを目標設定に置き換えて、高校生として取り組んでいたのが大リーガーの大谷翔平選手です。「大谷翔平目標達成ノート」で検索すると情報が得られます。

題は起こるものです。たとえば、インターネットが一日使えなくなったり、作業メンバーが風邪で二日間休まなければならなくなったり、避難訓練や予定していなかったミーティングが入ったり、何人かが壁にぶち当たってしまって創造的に考えることができず、行き詰まってしまうということがあります。

こうした状況が起きたら、生徒自身が問題を解決しなければなりません。モノは壊れ、計画は変わるのです。これが、学習者中心の学びを実践する際に教師がイライラする側面となります。きれいにまとめられたワークシートを使うことからすれば、はるかに面倒な状況に陥ることになるでしょう。しかし、こうした問題に取り組むことで生徒たちは問題解決ができ、クリティカル[11]な思考者として育っていくのです。

## 要素4　効果的な方法を選択する

自己管理できる人は、自分たちのプロジェクトを完成する

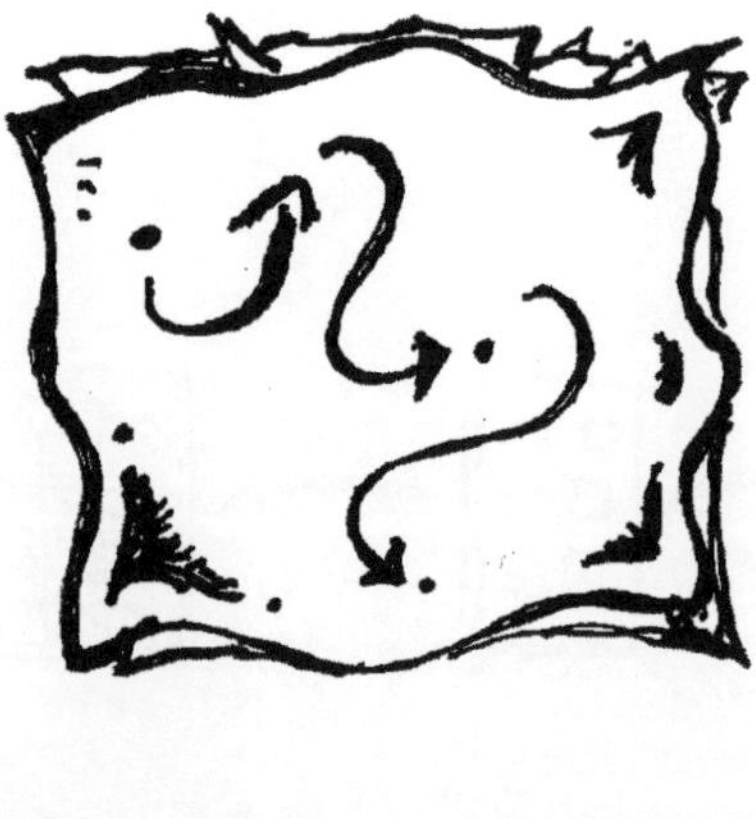

ために、どのような方法を使ったらいいかについて判断することができます。彼らは、必要な資源や材料を選択することができ、どのような方法を使うことが最善かについても判断することができます。下調べをしているとき、紙のカードを使うかもしれませんし、コンピューターのスプレッドシートを使うかもしれません。

一方、プロジェクトを管理するために、メンバー全員が見られるドキュメントを使ったり、カレンダーに書き込んでいるかもしれません。生徒たちは、教師に言われたから使うというレベルから、自分たちの目標を達成するために役立つ特定の方法を選択するといったように移行していくのです。

（11）クリティカルのなかには「批判的」と「肯定的」の両面が含まれます。たとえば、生徒Aの説明を聴いた場合、「肯定的」な面の指摘と「批判的」な面（改善点）への問いかけが大切となります。

## 本当のプロジェクトに取り組む必要がある

以上で説明してきたような自己管理は、プロジェクト管理（複雑な経済状況では必ず必要となるスキルです！）と同じです。そして、このような自己管理は、ワークシートを埋めることでは身につきません。もし、生徒たちにこのようなマインドセットを育ててほしいなら、彼らはプロジェクトに取り組む必要があります。そう、本当のプロジェクトに。

それは、生徒にとって意味があるプロジェクトです。生徒自身が運転席に座るというプロジェクトです。これが、生徒自身が創造的なプロセスを自分のものにしなければならない理由なのです。

# 第7章

## 生徒は誰もがつくり手（メイカー）

## 消費することから、つくり出すことへの転換

実際は、消費することはそれほど悪くありません。
それについては、のちほど説明します。

表　消費している生徒vs.つくり出している生徒

| 消費する | つくり出す |
|---|---|
| ビデオを見る<br><br>160人中158人 | ビデオを撮って、編集する<br><br>160人中４人 |
| 音声を聴く<br><br>160人中160人 | 音声を録音して、編集する<br><br>160人中３人 |
| ビデオゲームをして遊ぶ<br><br>160人中153人 | ビデオゲームをつくる<br><br>160人中０人 |

数年前、私（ジョン）は生徒たちがどのようにディバイス（スマホ、タブレット、ノートパソコン）を使っているかを明らかにするためのアンケート調査を行いました。彼らは消費していたのでしょうか？　それともつくり出していたのでしょうか？　結果は上の表のようになりました。

一般の生徒集団から外れた三〜四人の生徒がいました。彼女たちについては第6章で少し触れました。一人は小説を書いています。もう一人はユーチューバーです。そして、もう一人はポッドキャストのオタクです。

　彼女たちとほかの生徒たちを分けているのがディジタル機器ではないことに気づきました。それは、創造性の有無です。消費者であるのか、それとも製作者であるか、あるいは受け手かそれともつくり手か、という違いです。「受け手」という表現は少し極端に聞こえるかもしれませんが、私の恩師であったスムート先生の言葉を思い出してしまいます。

**「何もつくり出さなければ、私たちは自分の創造力の世界を奪い去ってしまうことになるのです」**

　私の教え子たちは、大学に入ったり、キャリアを築こうとしているのですが、「つくり手」のほうがすべてにわたってよく準備ができていることに気づきました。彼らは自らのキャリアに関するオウナーシップをもっており、自分が選んだ職業で前進していました。念のために言いますが、これは単に経済的なことに限定されたものではありません。「つくり手」は、強い忍耐力と深い思考力をもっているのです。彼らは、イライラすることに対処する方法も知っています。

**彼らは、より良い未来と変わりゆく世界をつくり出す「つくり手」なのです。**

## 私たちは、生徒にイノベーターになってほしいと思っています

前章で、私たちは生徒が暮らすことになる不確実な世界について触れました。しかし、そんななかでも「つくり手」[1]たちは力強く生きていきます。彼らは実験し、創造的なリスクも取ります。彼らは、拡散的な思考もできるのです。換言すると、彼らはイノベーターなのです。

告発したいことがあります。私（ジョン）は「イノベーション」という言葉が大嫌いでした。使わないといけないときは、常に鍵カッコ付きで使ってきました。私に言わせると「流行語」でしかなく、「使われすぎ」と指摘したいぐらいです。

しかし、本当のところ、言葉が流行するのは私たちみんながその言葉に何か重要なことを見いだしている場合が多いものです。誤用されていますか？　そういう場合もあるでしょう。使われすぎですか？　そう思います。しかし、「愛」や「最高」や「友だち」といった言葉がそうであるように、それらを捨て去るつもりはまったくありません。

でも私は、「イノベーション」という言葉にまずい形で反応してしまったと思っています。その言葉が、必要以上に[2]ツヤツヤしていて、[3]ハイテクの含み[4]をもっていたからです。それは私に、エプコット・センターやアストロドーム、そしてフロービーを思い起こさせてしまうのです。

これらはイノベーションではありません。目新しいだけで、混乱してしまいます。それは、変化のための変化でしかないのです。

**実際のイノベーションは異なります。**

イノベーションは、リン＝マニュエル・ミランダが『ハミルトン』[5]でしたことや、ガブリエル・ガルシア＝マルケス[6]が数十年前に魔術的リアリズムで成し遂げたことです。イノベーションは、新しいアストロドームを造ろうとするのではなく、古くて価値のあるものを活かす形で野球場の

---

（1）簡単に言えば、たくさんの選択肢を自分で考え出す力です。

（2）フロリダ州にある四つのディズニー・パークのうちの一つで、「実験的未来都市（Experimental Prototype Community of Tomorrow）」の頭文字をとって名づけられました。

（3）MLBの「ヒューストン・アストロズ」のホーム球場です。

（4）家庭にある掃除機につなぐだけで簡単に散髪できる画期的なマシーンです。

（5）『ハミルトン』は子どもたちも大好きなブロードウェイ・ミュージカルです。ミランダ（Lin-Manuel Miranda）はアメリカの作曲家、作詞家、劇作家、歌手、俳優です。『イン・ザ・ハイツ』の制作および出演でも知られています。

（6）（Gabriel José de la Concordia García Márquez, 1927～2014）『百年の孤独』などで有名なコロンビアの作家・小説家です。一九八二年にノーベル文学賞を受賞しています。

イメージを大きく変えたカムデン・ヤーズやAT&Tパーク[7]です。また、五年前には存在しなかったイノベーションは、あなたが大好きな友だちの命を助けることになるかもしれない癌の治療法です。

イノベーションは、変化のための変化ではありません。あくまでも、目的と意義によって引き起こされるものです。それは、あなたが「より良い方法があるはずだ」と言ったときに起こるもので、その後、あなたは試したり、創造的なリスクを負ったりしてどうなるかを確認することになります。あるいは、あなたが「なぜ、いけないの？」と尋ねたときに起こるものです。

このように言うこと自体が大事だと思っている問題なので、現状に対して挑戦したことになり、それを解決／改善することを固く決心することになります。

その言葉はトレンディーで、使われすぎているものかもしれませんが、私は自分たちの学校でイノベーションを見たいです。生徒がイノベーターに育ってほしい、と私は考えています。複雑な問題を解決するために、新しい方法を見つけるために、拡散的な思考に取

**恥ずかしがらずに、大胆に違う存在になる。もし、生徒たちに将来イノベーションを起こしてほしいなら、今彼らに、プロセスのオウナーシップをもってもらう必要がある。**

り組んでほしいです。納得できない現状に対して、創造的なリスクを負って挑戦してほしいです。恥ずかしがらずに、大胆に違っていて、イノベーティブであってほしいのです。

## 場所が大切なのではなく、つくることが大切

第1章で紹介した私の八年生のときのストーリーに戻ると、大切なことは最新の装置ではないことが分かります。何しろ、私は録音テープをカミソリで切っていましたし、長距離電話をかけていました。テクノロジーは大幅に変わりましたが、私のメイカー（つくり手）(9)としてのマインドセット(8)は今に続いているのです。

メイカー・スペースや完璧とされる創造的な環境に注意を向けがちですが、大切なのは物理的な場所ではないのです。何と言っても私たちは、生徒たちにどこでも、いつでも創造的になって

(7) カムデン・ヤーズはMLBバルティモア・オーリオルズのホーム球場で、AT&Tパークは、その後名称が「オラクル・パーク」に代わり、MLBサンフランシスコ・ジャイアンツのホーム球場です。

(8) 自分がつくり出すことの大切さを認識しているという考え方です。

(9) 上記の考え方、つまりソフトの部分に対して、作り手が必要なものをたくさん配置した場所＝ハードのことです。一三四ページも参照してください。

ほしいのです。大切なのは、教師であり、関係であり、生徒が創造的な思考者になれるパワーを身につけることです。この最後の点でもっとも重要となるのが、彼らが創造的なプロセスのオウナー（持ち主）になることです。

## 創造的なプロセスのオウナーになる

生徒たちに、「何かをつくりなさい」と指示する場面もたまにあります。そうすることで、迅速に試作に取り組んだり、拡散的思考の練習をしたり、素早い思考をしたり、創造的な問題解決をしたりして成功することがあります。

しかし、私たちは創造的な作業には時間を要することも知っています。物事を計画したり、解決法を開発したりするには時間がかかります。いろいろなアイディアのなかでさまようような感じの、ある程度の思考の停滞と多様な選択肢をいろいろと試すことも必要なのです。それが、より良い解決／改善法をデザインすることにつながります。

さらに、創造的な作業にはある種の枠組みが必要になります。なぜなら、生徒たちを完全にオープンな（制約や指示がない）形で取り組ませると苦労するからです。彼らの多くは、目的や計画について考えることを忘れて、何か新しいものをつくることに突き進んでしまうものです。そして、結果にがっかりすることになります。また、どこからはじめていいのか分からないという問題を抱えることもあるでしょう。

枠組みは、生徒の選択を促進するものであれば悪いとは言えません。時には、創造的な仕事をするために、枠組みやうまく進めるための計画が必要となります。枠組みがあっても生徒たちは意思決定を行いますし、枠組み自体が創造的な作業を増強させることもあります。

このことが、私たちがデザイン思考⑽にこだわっている理由です。デザイン思考は、生徒のオウナーシップを制限するのではなく、拡張する枠組みなのです。

デザイン思考は柔軟な枠組みで、創造的なプロセスを最大限に引き出すように考案されています。産業界はもちろんのこと、市民・社会セクターや高等教育など、すでに多様な分野で利用されています。また、デザイン思考は、生徒の声（考え）と選択を阻止するのではなく強化します。生徒たちがデザ

⑽　デザイン思考については、この章の残りの部分で説明されます。七〇ページのコラムも参考にしてください。

イン思考に取り組んでいるとき、彼らは創造的なプロセス全体を自分のものにしています。

このデザイン思考は、**すべての教科における到達目標の枠内で使えます**。極めて柔軟な方法なので、資源や教材の制限があるときでも使えます。これは、十分に忙しいあなたのスケジュールに新しいものを付け足すことにはなりません。そうではなく、あなたがすでにしていることをよりイノベーティブにしてくれる方法なのです。デザイン思考は、とくに創造力を強化し、すべての生徒がもつつくり手の部分を引き出すために考案されています。

これが、私たちが生徒にやさしい「LAUNCH」(六七〜六九ページ参照)と名づけたデザインサイクルを開発した理由です。それは、幼稚園から一二年生までのどの教科でも使えるデザイン思考の枠組みです。次のように考えてみてください。つくり出すことはマインドセットです。デザイン思考はプロセスです。そして、デザインサイクルは枠組みなのです。

LAUNCHが、プロセスのすべての段階でどのように生徒たちをエンパワーするのかを見ていきましょう。

## 第一段階　L = Look, Listen, and Learn(見る、聞く、学ぶ)

最初の段階で、生徒たちは見たり、聞いたり、学んだりします。この段階の目標は「気づく」ことです。置換すると、プロセスに興味をもつ、問題に気づく、対象

への共感をもつこと、と言えるかもしれません。どこからはじまろうが、生徒たちは自分たちが気づくところからはじまります。

大切なことは、創造的なプロセスは最初の段階から生徒によって動かされているということです。それは、生徒自身の問いや不思議なことへの感性、そして対象に対する共感などをうまく活用することで可能になります。教師がきっかけや体験を提供するかもしれませんが、それぞれの生徒がもっている好奇心に火をつけることが目標となります。

## 第二段階　A＝Ask（たくさんの質問をする）

好奇心が引き金となって、生徒たちは第二段階に移行します。そこでは、たくさんの質問をします。質問は、プロセス、システム、あるいは物理的な現象などについてです。質問には、対象に対する共感が増したことで生まれたものや、研究につながるようなものがあるかもしれません。

いずれにしても、何よりも大切なことは生徒たちが質問をすることです。教師の質問（すでに答えのある発問）に答えるものでもなく、教師があらかじめ単元を計画する際に考えた「鍵となる問い」に関連づけるものでもありません。それらを避け、生徒たちは自らの探究プロセスに取り組むのです。

## 第三段階　U＝Understand（プロセスないし問題を理解する）

これまでの段階が、真の探究の経験を通して、プロセスないし問題の理解に導いてくれることになります。生徒たちはインタビューをしたり、ニーズ評価をしたり、研究論文を読んだり、ビデオを見たり、データ分析をしたりするかもしれません。これは、選択して行う探究という経験です。生徒自身が対象となる資料を選び、情報を見つけ、そして自分たちが役立つと思う方法を使います。

この段階では、生徒が探究のプロセスのオウナーシップをもっています。前の段階で自分たちがつくり出した質問に答えようとしているわけです。彼らは、資料も探究の方法も自分たちで選び、結果的に背景となる知識が彼らに提供されることになります（それが、次の段階の基礎になります）。

## 第四段階　N＝Navigate（アイディアを操作する）

生徒たちは、新しく獲得した知識をいくつかの解決法に応用することになります。この段階で、彼らはアイディアを操作します。つまり、ブレインストーミングをし、分析し、アイディアを組み合わせ、自分たちがつくり出すもののコンセプトをつくり上

げるわけです。コンセプトを考えるプロセスは、一人でも、協力しあう形でも行えます。

段階的に書かれたプロジェクト進行表に従う代わりに、生徒自らが解決法を考え、それを実現するための計画をつくります。彼らは、アイディアとプロセスに関してオウナーシップをもっています。アイディアを考えるところから計画を立て、次の段階の試作品をつくるところまで、生徒にはプロジェクトを管理する機会が最初から与えられているのです。

## 第五段階　C＝Create（試作品をつくる）

この段階で生徒たちは試作品をつくることになります。ディジタル作品の場合もありますし、芸術的な作品や設計した何かなど、具体的な成果物といったこともあります。さらには、行動やイベント、そしてシステムなどの場合もあるでしょう。いずれにしても、生徒たちが何をつくるのか、どのようにそれをつくるのかを含めて、自分たちがプロセスを動かすことになります。この部分は、時には混乱したり、ゆっくり進んだりしますが、とてもパワフルなものとなります。なぜなら、初めて自分たちがつくり出したものや考え出したものがうまくいく様子を確認したとき、生徒たちの目が輝くからです。

このとき初めて、生徒たちのアイディアが現実になり、結果的に自分たちのことを、つくり手、製作者、いじくり回す人、デザイナーなどと見るようになります。

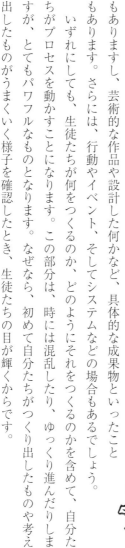

### 第六段階 H＝Highlight（何が成功したかを明らかにし、失敗したものは修正する）

次に、生徒たちは成功したものを明らかにし、失敗したものは修正します。この段階の目標は、修正プロセスを繰り返し行う実験と捉えることとなります。そうすることで、すべての失敗が確実に成功に近づいていくことになります[11]。

また、この段階で大切なことは、自己評価、相互評価（ピア・カンファランス）、そして教師による一対一のカンファランスです。それらによって、作品にさらに磨きをかけることが可能となります（この点については第8章で詳しく触れます）。

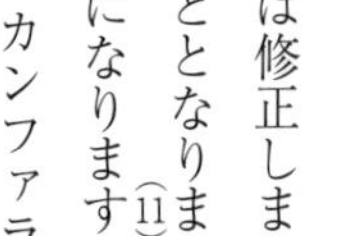

### 第七段階 L＝Launch（対象に向けて送り出す）

すべてが終わると、打ち上げの準備です。打ち上げの段階では、本当に存在する対象に向けてつくったものを送り出します。つまり、作品を自分たちが選んだ対象と共有するのです。徐々に、生徒たちは創造性に対して自信をもつようになりますし、自分たちの作品を世界に向けて共有するパワーも認識することになります。

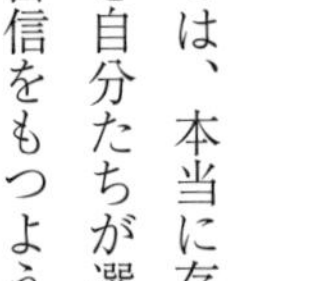

## これをどうやって実現するのか？

すべての子どもたちが、生まれつきのつくり手であることを私たちは知っています。しかし、多くの学校では、子どもたちの学習を豊かにするためのテクノロジーが欠落しています。また、時間がなく、テストとつながっている硬直したカリキュラム（教科書）をカバーしなければならないという制度のなかで、どのようにしてその創造性を解き放つことができると思いますか？

## メイカー・チャレンジ（つくり手に挑戦）

メイカー・チャレンジは短期間のプロジェクトで、素早く試作品をつくり出すことに焦点を当てています。ＬＡＵＮＣＨサイクルを素早く回すことで、生徒は何か具体的なものをつくり出す

（11）これを書くことや読むことで表しているのが、作家のサイクルと読書のサイクル（とくに「修正」の部分）です。https://wwletter.blogspot.com/2012/01/blog-post_28.html の図を参照してください。これを他の教科に応用した実践が、「数学者の時間」、「科学者の時間」、「市民／歴史家の時間」などです。

機会を得ます。ＳＴＥＭ[12]関連で行われることが多いですが、そのほかの教科でも何かをつくり出すプロジェクトを行うことは容易です。

メイカー・チャレンジは、特定の問題[13]があるところからスタートします。私（ジョン）は、メイカー・チャレンジでアニメーションのビデオのシリーズをつくり出したことがあります。videoprompts.com で、それらを見ることができます。

何よりもいいのは、メイカー・チャレンジをするために最新で最高のテクノロジーを必要としないことです。もっとも優れたメイカー・チャレンジは、粘着テープと段ボールからはじまります。また、メイカー・チャレンジはあまり時間も必要としません。必要なのは、少しの想像力と何か新しいことを試すというやる気だけです。

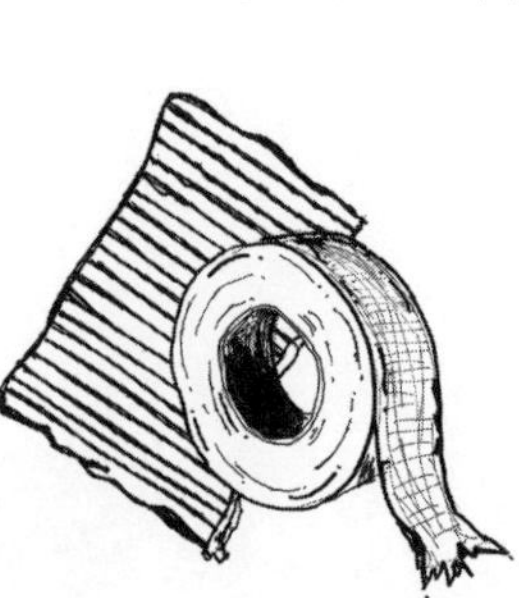

## 地球デザインの日

数年前、私たちは地球規模の協働プロジェクトを立ち上げました。目標は単純です。一日だけデザイン思考を試すことです。学期の終わりにテストが終了したあと、使い道に困っていた日を選びました。そして、私たち教師は一日だけ実験する許可を得ました。

一日だけです。言うまでもなく、それでは足りないことは分かっていました。一日だけで、教室を創造性と驚きの拠点に転換することはできないことを知っていましたから。

## でも、それで火をつけることはできます

ソーシャルメディアで教師たちが協働し、生徒たちが作品を世界と共有する様子を私たちは見ました。八万五〇〇〇人以上の生徒が参加しました。生徒たちは六つの大陸に散らばっていましたが、共通の目標となる「何かすごいものをつく

(12)　科学・技術・工学・数学の頭文字で、理系の教科全般を表しており、それらを統合した形で教えることを提唱しています。最近は、ＳＴＥＭに芸術を加えてＳＴＥＡＭが人気を集めています。

(13)　特定の問題とは、本当に存在して、それを解決したり、達成したりすることが求められている問題のことで、架空の問題ではありません。『ＰＢＬ――学びの可能性をひらく授業づくり』を参照してください。

**一日だけ試してみてください。**

**そうです。たったの一日です。**
**使われていない日を活用してください。たとえば、私が89～91ページで紹介したように、テストがある日とか、長期休暇に入る前日とか、誰もが期待をしていない日などです。次ページから、あなたが試せるいくつかのアイディアを紹介します。**

ること」で結ばれていました。

参加した半分のクラスには高級なテクノロジーがありませんでした。なかには、プロジェクトを終わらせることができなかった生徒もいましたが、それは問題ではありませんでした。生徒たちはエンパワーされたのです。彼らは質問をし、アイディアをつくり出していました。彼らは成果品をつくり出していたのです。

彼らはつくり手になったのです。地球デザインの日があったからでも、デザイン思考を使ったからでもありません。それは、創造的なリスクを負う決断をし、生徒たちに創造的なプロセスをもたせて、エンパワーしたいと思った教師たちがいたからです。

いくつかの学校で「一日だけのイベント」としてはじまったものですが、継続的な取り組みに成長しました。教師たちはデザイン思考を推し進め、当初は学年を、最終的には学校全体を巻き込んだのです。

微妙なニュアンスの違いがある……。
実際のところ、私たちは生徒たちに消費者であってほしいと思っている。

消費することは、実際のところ創造性に不可欠なものです。いろいろなものを消費するとサイクルが回りはじめ、その結果、あなたは何かをつくりたいと思うようになるのです。たとえば、ほとんどのシェフが美味しい食事を食べることを楽しみます。また、ほとんどのギタリストは音楽を聴くことが大好きです。このように、クリティカルな消費、インスピレーション（ひらめき）、創造的な仕事においては終わりのないサイクルが回っているのです。

ここで鍵となるのは、クリティカルな消費です。この種の消費は、オウナーシップからはじまります(14)。

私（ジョン）は、創造力は頭の中で培われるものだと思っていました。アイディアが弾けて、人はそれをつくる形で反応するのです。生徒たちが、クラスに入ってくるなりテクノロジーを消費するだけで、何もつくろうとしない状況にイライラしたものです。彼らに、創造的にリスクを取るように懇願しました。何か違ったものをつくるように、と。勇気を出して、たとえ失敗しても新しいことに挑戦してほしかったのです。

(14) この図とほぼ同じものが、https://projectbetterschool.blogspot.com/2012/06/blog-post_17.html で見られます。

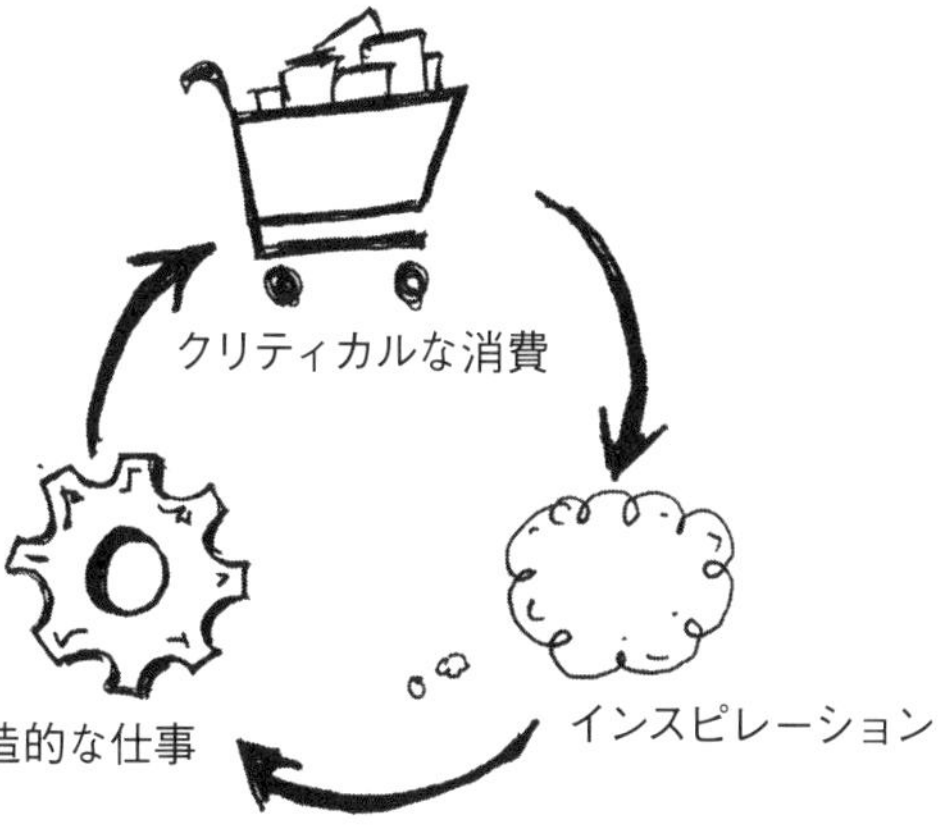

しかし、自分の子どもをもったとき、その考え方が変わりはじめました。幼児のときから、創造性は本質的に社会的であることに気づきました。それは、見ること、聞くこと、そして試すことからはじまるのです。そこには、大人がしていることを「真似する」といったことも含まれます。

少し大きくなっても、同じパターンがあることに気づきました。彼らはとても創造的になりましたが、みんなが気づき、探究し、真似し、そして最後に、自分なりのやり方を見つけ出すというプロセスを使っていたのです。

さらに私は、同じような傾向を生徒たちに見ています。彼らも真似したり、混ぜ合わせたりする段階を、自分たちで何か独創的なものをつくる前に通過していたのです。このような傾向を、美術のクラス、技術のクラス、ライティング・ワークショップの時間、ＳＴＥＭ（一三五ページの注参照）の実験などで私は見ています。

これらのことを経験したことによって私は、生徒が消費者からつくり手に移行する段階について考えるようになりました。

## 第1段階　触れる（受け身的な消費）

　この段階は、受動的に触れるという時期です。たとえば、あなたがバックグラウンド・ミュージックとして音楽を聴いたとき、その曲はこれまでに聴いたことのない珍しいものであったとします。それから数か月後、ふとしたことからあのときに聴いた音楽が好きだと気づくのです。そして気がついたら、インド系を融合したテクノポルカを聴くことを選択しているのです。ちなみに、選択していない場合もあるでしょう。

　このような事例は、生徒の選択を重視する授業において、新しいアイディア、知識、経験に生徒たちを触れさせることが大切であるという注意喚起となります。時に、あなたがそれを生徒たちに紹介するまでは、特定の本やテーマ、そしてある教科のことを彼らは好きでない可能性もあります。

　別のケースでは、より直接的なことがあります。ある映画を観たり、本を読んだりしたとき、突然それにはまってしまうことがあるものです。そのとき、あなたは第二段階に移行することになります。

## 第2段階　能動的な消費

第二段階では、あなたが消費しているもの（絵、音楽、詩、食べ物）を積極的に求めるようになります。あなたはまだそのファンにはなっていませんが、そのスタイルを気に入りはじめており、それについて考えはじめてもいます。

時にこの段階は、見栄えや具体的な用途に焦点が当たっていることが多いものです。つまり、あなたが消費しているものを楽しんでいるか、具体的な目的のために役立つと捉えているということです。どちらであろうと、あなたは能動的にそれを求めています。

エンパワーされた教室では、この段階は、生徒に自分の好きな教科やテーマに夢中になって取り組ませることを意味します。扱っているものを生徒のために面白く提示する努力を教師がするのではなく、生徒の興味関心をいかすというアプローチです[15]。

## 第3段階　クリティカルな消費

このあたりから、あなたはエキスパート（専門家）になりはじめます。テーマ

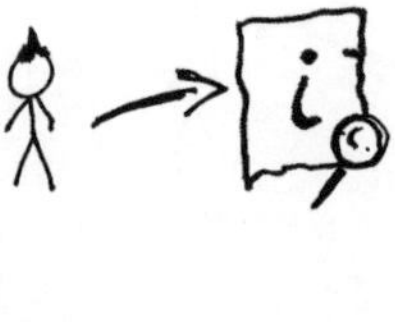

の微妙なニュアンスに気づきます。あなたが消費しているものの技術（技）のよさが分かりはじめることになります。あなたは、良し悪しの違いを見分けられるようになっているはずです。

エンパワーされた教室で、教師はこのようなクリティカルな消費の機会を「ワンダー・ウィーク（デイ）」とか「才能を磨くプロジェクト」や、生徒が選択して取り組むブログのようなプロジェクトの形で提供することができます。あるいは、生徒が探究に取り組んだり、自由読書の際に好きな小説を選べるようにすることでクリティカルな消費を活用することができます。

見分ける能力が高まると、生徒たちは次の段階に移行します。

## 第４段階　キュレートする（最善の情報を集め、優れた視点で共有する）

エキスパートになったあとは、あなたは最善の選択をして、それにコメントを付けます。あなたは情報を集め、整理し、そしてあなたの要約と評価をほかの人たちと共有することになります。この段階で、あなたはファンであると同時に批評家ともなります。

実際、キュレーションは、とても大切な、生涯を通じて使う思考スキルです。情報が飽和状態

(15)　この点で参考になる本は、『たった一つを変えるだけ』と『ようこそ、一人ひとりをいかす教室へ』です。

の時代、**キュレーターとは、最善の情報を探し出し、優れた視点でそれを共有する**(16)**ことができる**(17)**人のことを意味します**(18)。過去数年もっとも人気のあるブログ（*Brain Pickings, Farnam Street, Five ThrityEight*）がキュレーターたちによって書かれたものであることは当然なのです。それらのブログでは、アイディアやデータや出版物などを取り上げてバラバラにし、そのあとでキュレーター自身の考えをユニークな視点で共有してくれています。

しかし、そこで終わりとはなりません。キュレーションに取り組むなかで、あなたには何かをつくり出すように息が吹き込まれるのです。

## 第5段階 真似する&変更する

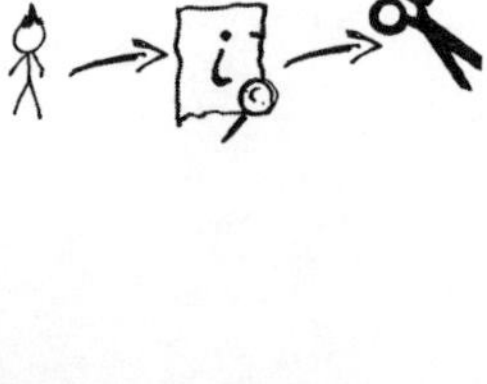

この段階は、教師としての私をイライラさせることになります。特定のテーマ（作品、アーティストなど）について、あるレベルの専門的な知識を獲得したあと、生徒たちは真似をしはじめます。すでにかなり描ける生徒が、気に入ったマンガやアニメの作品をすべて真似して描きはじめるのです。橋に夢中になり出した生徒は、ある橋の正確な模型をつくりたがったりもします。料理に入れ込みはじめた生徒は、絶対にレシピから外れることがないでしょう。何かが起きるまでは……。

模倣するのを卒業して、修正をしはじめます。突然、模倣する対象が「ひな形」でしかなくなるのです。

エンパワーされた教室では、私たちは生徒に盗用と刺激（ひらめき）の違いを教えます。すぐれた作品を出発点として活用し、そこから創造的なリスクを取ったり、修正したりするにはどうしたらよいのかについて考えさせます。生徒たちがコピーライト（版権）と公正使用[19]について理解していることも大切ですが、それらは罰則処置としてではなく、あくまでも学びの体験として言及されるべきです。

時間とともに、生徒たちは多様な情報源からひらめきを得るようになります。それが次の段階に導くことになります。

---

(16)　ブルガリア生まれ、ニューヨーク在住のマリア・ポポワ（Maria Popova）は作家、ブロガー、文学および文化批評家で、自分のブログ「BrainPickings.org」で文化、本、哲学と折衷的な主題を発信し続けています。

(17)　カナダ生まれのシェーン・パリッシ（Shane Parrish）によって、自分の学びと人生の記録を残すことを目的にはじめられたブログです。今は、多様な人を巻き込んだ学びのコミュニティーとなっています。

(18)　ネイト・シルバー（Nate Silver）が運営するデータジャーナリズム志向のメディアです。

(19)　目的が「批評，解説，ニュース報道，授業，研究，調査」であれば、一定条件を満たしていることで著作権の侵害とはならないことです。新しい時代の著作権の考え方については、『教育のプロがすすめるイノベーション』の第11章を参考にしてください。

## 第6段階 マッシュアップ（混ぜ合わせる）

マッシュアップは、コラージュのアート作品のように見えることがあります。生徒は、自分たちがキュレートしたもののなかから好きな部分を付け足して、新しい何かをつくり出すのです。一見すると創造的な活動とは思えないかもしれませんが、ユーチューブで「Mash-ups《マッシューアップ》」を検索すると、それがどれだけ創造的なものなのかの一端を垣間見ることができます。

それは、フィクション（創作）のように見えます。たとえば、ホグワーツ（魔法魔術学校）に関することなら何でも好きな生徒が、ハリー・ポッターのお母さんがまだホグワーツにいたころの物語を書くような感じです。このように、生徒をワクワクさせることが新しい作品の独創的な出発点となるのです。

ほかの事例としては、ある領域からのアイディアを取り出して、それを別の領域に応用するといったことがあります。それは、とても創造的に見えます。マッシュアップが「いかさま」のように思えるときは、新しく見える偉大なアイディアのほとんどがマッシュアップの結果だということを思い出してください。私たちの生活のなかにあるもので、何らかの形でワクワクしたもの

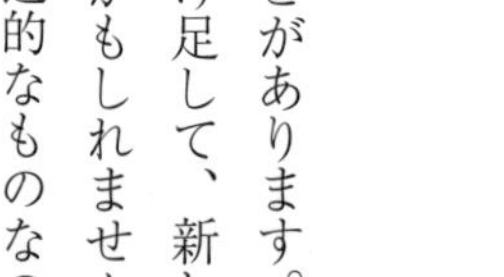

も含まれます。

結局のところ、あなたの好きなバンドの音楽が、大衆の好きなバンドの音楽と似ているのは偶然ではないということです。

## 第7段階　ゼロからつくり出す

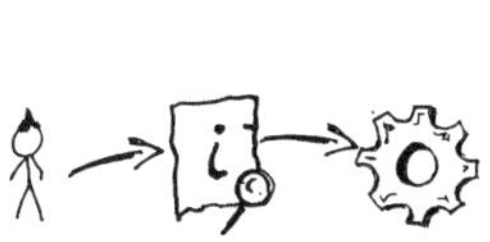

これまでの段階も、かなりの創造力を使っていることに注意してください。しかし、この第七段階で、生徒たちは完全にゼロから新しいものをつくりはじめます。つまり、生徒たちは大きなリスクを冒し、真に独創的なものをこの段階でつくりはじめるということです。アイディアはこれまでの六つの段階から呼び起こされますが、ここで生徒は自らの考えを見つけます。自分に自信がもてるまで成長しましたので、意味のあるリスクを取ることができるのです。

時に、人はいくつかの段階を飛ばします。ある小説を好きになる（第2段階）から、真似することなく（第5段階）、ファン・フィクション[20]を書いてしまう（第6段階）生徒もいます。私の

（20）既存の作品や人物などを題材に、原作者以外のファンによって作成されたものを指します。

場合は、常にマッシュアップの第6段階を飛ばして、真似する段階から自分の考えを見つけ出す段階である第7段階に移行することが好きです。したがって、ここで紹介した段階は、決まったやり方を示すものではなく、人々が創造的な旅をしているときの一般的な傾向を示したものとなります。(21)

---

(21) 「Designed to learn : using design thinking to bring purpose and passion to the classroom」(Lindsay Portnoy 著) というデザイン思考を学習にいかすための翻訳プロジェクトを新たにスタートさせました。一年以内の刊行を目指しています。

# 第 8 章

## 評価は楽しいものであるべき

そんなこと、ありえないでしょ。
本当です。私たちは真面目です。

評価をされることから、
自分の学びを評価することへの転換

バスケットボールのコートやスケート場、ロッククライミング用の室内施設を訪ねてみると、常に起こっていることを見逃してしまうことが多いものです。何かというと、それは評価です。同じことは、自分たちのディバイスを持ち寄ってマインクラフト(1)の世界をつくり出したり、台所で新しいレシピに挑戦したり、ルービックキューブに挑戦したりしている子どもたちにも言えます。

評価はどこにでもあるのです。しかし、見えなくなっています。その理由は、評価が名詞形のものではなくて、動詞形のものだからです(2)。評価は、私たちがしていることで、与えたり、受け取ったりするものではないのです。たとえば、オーリー(3)をやっている最中に、スケートボードの筆記テストを受けたいと思う人はいないでしょう。この場合のテストは、それを行うなかに埋め込まれているのです。倒れてしまったか、それとも大丈夫だったか？

マインクラフトをしているときに、世界をつくるのためのループリックをチェックして、「パフォーマンスを振り返るように」と言う人などはいませんが、彼らはゲームの最中に相互にフィードバッ

**マインクラフトのなかやスケート場、そして子どもたちが学びのオウナーシップをもっているところでは、どこでも評価はすでに起こっているのです。**

表　評価

| 学校の中 | 学校の外 |
| --- | --- |
| 外発的（外から与えられる）<br> | 内発的（内から湧く）<br>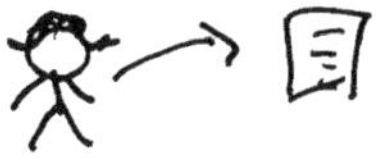 |
| 仕組みに従う<br>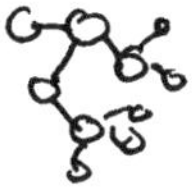 | 仕組みをつくり出す<br>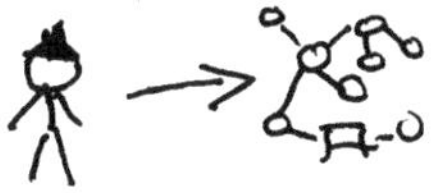 |
| 依存している<br>退屈<br> | 自立している<br>楽しい<br> |
| 意味がない | 意味がある |
| 選択がない<br> | 選択がある<br> |

**評価は、生徒がプロセスを自分のものにしているときのみ本物と言えます。**

クしあい、自分たちの成長を評価しあっているのです。

ルーブリックに何の問題もありません。スケーターであれば、競技の際に得点をつけるためのルーブリックを使うことでしょう。テストにも問題はありません。ルービックキューブの競技では時間を競うことがすべてですから。点数を付けたり、評価規準を使うことにも、何の問題もありません。マインクラフトをしているメンバーが動画を撮ったり、どれだけのページビューがあったりしたのかなどを確認しますから。

要するに、評価の良し悪しに関して問うているわけではないのです。

## 学校の評価をどうしたら学校の外で行われているように変えられるのか？

見出しの答えは、生徒のオウナーシップにかかっています。生徒が評価のプロセスに関してオウナーシップをもっていたら、次のことを可能にします。

・自分がすでに知っていること（予備知識）
・自分がまだ知らないこと（改善を要する領域）
・自分が身につけたいこと（目標）
・自分が改善するための方法（計画）

エンパワーされた生徒は、目標を設定し、自分の進捗状況をモニターし、そして特定の成果を得るためにどのような評価を使ったらいいのかについて判断することができます。つまり、評価を禁句として捉えるのではなく、学びのサイクルのなかの極めて重要な部分として受け入れるようになるのです。よって、**自分の学びを改善するための手段となります。**

## 生徒が評価のオウナーシップをもっている状態はどのように見えるのか？

これには、教師主導の評価から生徒主導の評価への移行が必要となります。しかし、それは、生徒が常に自分の取り組みを評価し続けることを意味しません。そうではなく、生徒、クラスメイト、そして教師という三者の協働的なパートナーシップが不可欠なのです。それが実現すると、

(1) サバイバル生活を楽しんだり、自由にブロックを配置し建築したりして楽しむことができるコンピューターゲームのことです。

(2) 名詞形は成績。動詞形は、やり取り（コーチやチームメイトが発する言葉）や、自分（たち）で絶えずチェックし、そして修正改善する形で行われているもの、と捉えられます。

(3) スケートボードを宙に浮かせる技術のことです。https://www.youtube.com/watch?v=xwTgupv6xIg

生徒は依存（ないし孤立）した状態から相互に依存しあう状態となります。

## 自己評価

生徒が自己評価に取り組むと、自分の成長を理解しはじめます。彼らは、その時点での知識やスキルのレベルをより正確に把握することができ、どうすれば自分の学びを改善できるのかについても見えるようになります。自らの成長をモニターし、行っていることを修正することで、彼らは学びにおいて評価が果たしている役割を理解するのです。

ほかのことも起こります。生徒がエンパワーされるのです。学業面での成功（あるいは失敗）を教師やそのときの運のせいにするのではなく、自分が一生懸命に取り組んだ結果だと捉えられるようになります。彼らは、より自律的／自立的になるということです。

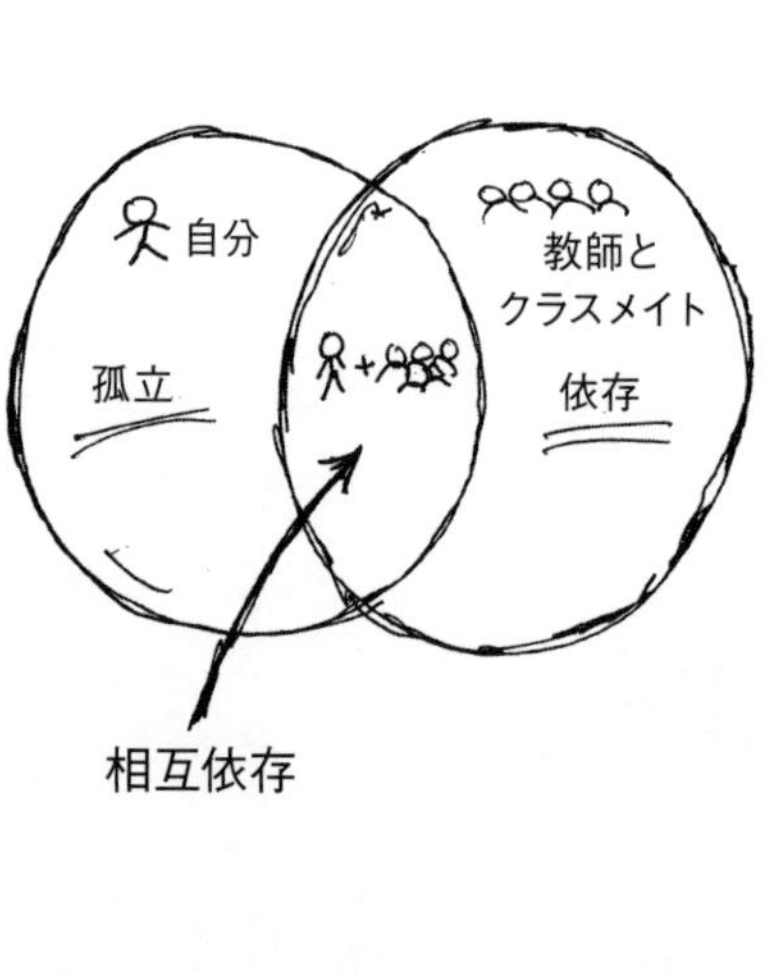


これについては納得できるでしょう。あなたが学校の外で、最後に新しいスキルを学んだときのことを思い出してください。あなたは成績が出るのを待ちましたか？　それとも、あなたは自

分の取り組みを自己評価し、その結果に基づいて修正をしましたか？　あなたは、自分がうまくやれているかという感覚と、どうすれば改善できるのかというオウナーシップをもてていましたか？　同じことが生徒にも必要なのです。生徒が自分の学びを評価できる具体的な方法について見ていきましょう。

## 成長を図示する

自分のデータを集めて、それを図示する形で生徒は分析することができます。棒グラフ、線グラフ、円グラフなどです。そのためのデータは、試験の結果だけにかぎりません。読んだ本のページ数、一分間に読める字数、あるいはプロジェクトで終了できた課題数などです。

大切なことは、生徒にとって意味があり、本物のデータを使うということです。彼らは、それがどういう意味をもち、なぜ分析しているのかについて理解している必要があります。それが実現すると、冷たくて硬い数字が人間味をもちはじめるのです。

### 目標を追跡する

生徒は自分の目標を設定します。それは、定量的でも定性的でも構いません。[4] そして、自分の取り組みを追跡するのです。図表や言葉で表すことができます。

### 振り返り

ここでは、生徒が学んだこと、難しかったこと、次にすべきことなどについての質問に答えます。なかには具体的な質問もありますし、一般的で抽象的な質問もあります。

振り返ることで、生徒はメタ認知を高めることができるので、次にどこに行くべきか、あるいはどのようにしていくべきかについて理解しやすくなります。

### アンケート

時に生徒は、オープンエンドの振り返りの質問に答えることに苦

**データには、人間的な意味をもたせることができる。**

(*) この文章を見て、あきれた表情をしないでください。
ジョンはかなりおかしい、と第1章で読者は注意されていたはずです。

しみます。抽象的で主観的だと思ってしまうからです。一方、アンケートは、客観的なものと主観的なものの両方を提供することができます。生徒は、リッカート尺度[5]やリストから特定の言葉を選んでもらったり、項目にランクを付けてもらったりする方法を使うかもしれません。このような枠組みが提供されると、生徒が抽象的と感じるものに意味をもたせるときに役立ちます。

## 自己評価のルーブリック

ルーブリックに示されている「最低限」から「名人」までのレベルの説明によって、生徒は成長の段階を知ることができます[6]。それによって、自分が今どのレベルにいるかの正確な視点が得られるだけでなく、どこに向かうべきかという明確なイメージをもつことが可能となります。

---

（4）前者は数値化できるもので、後者は数値化しにくいものを意味します。

（5）Likert scale とは、アンケートなどで使われる心理検査的回答尺度の一種です。

（6）この見本を見たい方は、「ルーブリック」および「rubric」で検索するとかなりの情報が得られます。本媒体のおすすめのものとして、『「学びの責任」は誰にあるのか』の二四六～二四九ページをご覧ください。

ルーブリックは、生徒に段階的に考えられるようにし、自分がしていることを成長軸のなかで見られるようにします。だから、生徒がルーブリックを使って自分の作品（ないし、したこと）を評価するとき、彼らはより多くのオウナーシップを感じることができるのです。もはや生徒は、フィードバックを提供してくれる唯一の存在だった教師に依存するといったことはしないでしょう。

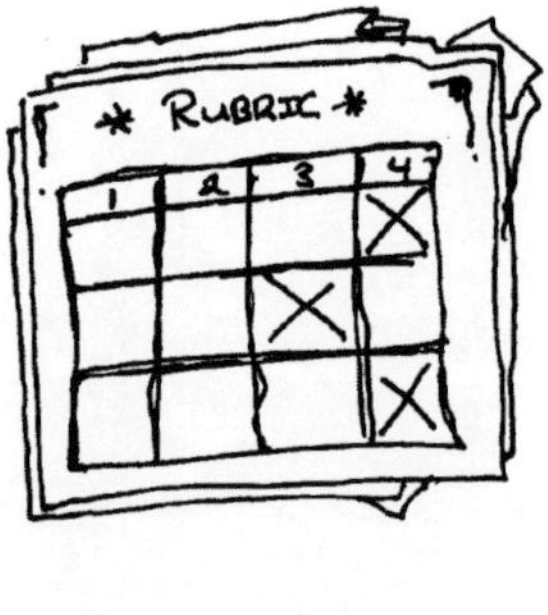


## チェックリスト

チェックリストは、課題に取り組んでいる「前」、「間」、そして「後」に使うことができる極めてパワフルな道具です。パイロット、医者、エンジニアなどは、自分の仕事が特定の基準を満たしているのかを確認するためにみんなチェックリストを使っています。簡単なものなのですが、人生を変えるようなことさえあります。なぜなら、小さなミスで悲惨な結果を招くということがあるからです。

外科医でもあるアトゥール・ガワンデ（Atul Gawande）[原11]は、『アナタはなぜチェックリストを使わないのか？』（吉田竜訳、晋遊舎、二〇一一年）という本のなかで次のように指摘しています。

現代の人々は様々なシステムに頼っている。システムとは、人、テクノロジー、または両方の集合体を指すが、それらをうまく機能させるのは本当に難しい。（前掲書、二一一ページ）

生徒がチェックリストを使うとき、彼らはシステムのなかでどのように成功できるのかについて学んでいます。彼らは、プロジェクトの進捗状況を確かめるために、試作品を評価するために、プロセスの意味を見いだすためにチェックリストを使うことができます。(7) しかし、それよりもさらにいい方法があります。それは、クラスで考え出した基準を使って生徒たちのチェックリストがつくれるようにサポートすることです。

## 相互評価

時に、自己評価では大切な点を見逃してしまうこともあります。自分の盲点を見ることはでき

(7) チェックリストが教科で使われている見本を見たい方は、『読書家の時間』の一七〇〜一七一ページおよび二二五〜二二七ページがおすすめです。

ないものです。そんなとき、新しい視点を得るためにピア(8)・フィードバックが効果的となります。これは、もっともイノベーティブな企業ではすでに導入されているものです。

「ピクサー」（一〇三ページ参照）を例に取ってみましょう。彼らは、人々がアイディアを出し合い、仕事をシェアし、そして互いのフィードバックを求めるという「ブレイン・トラスト」の仕組み(9)をもっています。部屋にいる全員に批評する自由があるのです。彼らは、実際に批評をします。それも、頻繁に。

なんか、ちょっと怖い感じがしますが、ピクサーは相互にサポートしあう文化をつくり上げているので成功しています。信頼と透明性があれば、クリティカルなフィードバックが創造的な思考をあおるのです。ピクサーの設立者の一人であるエドウィン・キャットマルが次のように言っています。

**「アイディア、ひいては作品（映画）は、批判にさらされ、もまれてこそすばらしいものになる」**[原12]

**フィードバックを求めるほどの謙虚さは、一種のエンパワーメントと言えます。**

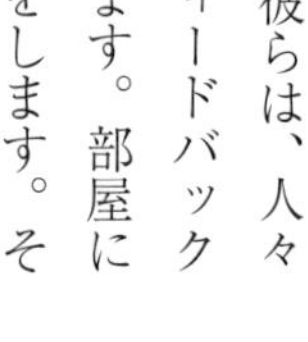

ピア・フィードバックは生徒にとっても大事です。クラスメイトのほうが、教師よりも身近に感じられる形で考えを共有してくれるからです。とはいえ、相互評価は簡単ではありません。私たちには時間がありません。一時間すべてを、ピア・フィードバックに費やすことができないのです。

二つ目の問題は、そのやり方です。肩をすぼめて、生徒が「それでいいと思います」と言う姿をこれまで何度も見てきました。そこで、短く確実に、生産的なピア・フィードバックを提供する方法を以下で紹介します。

## 一〇分間のフィードバック

一人の生徒が傾聴するなかで、ある生徒が自分の作品ないしアイディアを共有するところからはじまります。その後は、はっきりさせるための質問、フィードバックの提供、フィードバック

（８）ピアの意味は「同僚」や「仲間」です。

（９）「卓越した作品づくりに向けて、妥協を一切排除するための仕組みで、スタッフが忌憚なく話し合いをするための要となる制度」のことを指し、「観客の代表」という位置づけをもっているピクサーでもっとも重要な伝統の一つとされています（『ピクサー流創造するちから――小さな可能性から、大きな価値を生み出す方法』エド・キャットマル＆エイミー・ワラス著、石原薫訳、ダイヤモンド社、二〇一四年、一二六および一六八ページ）。

表　10分間のフィードバックの流れ

| 時間(分) | 活動 | 生徒A | 生徒B |
|---|---|---|---|
| 0～2 | 要を得た簡潔な説明 | アイディア、計画、作品の説明 | よく聴く |
| 2～4 | はっきりさせる | 質問に答える | はっきりさせるための質問をする |
| 4～6 | フィードバック | 口を挟まずに、フィードバックを聴く | クリティカル(*)なフィードバックを提供する |
| 6～8 | 言い換え | 聴いたことを自分の言葉で言い換える | 聴いて、必要に応じて明確にする |
| 8～10 | 次のステップ | 次のステップを計画する | 次のステップづくりを手助ける |

(＊)　117ページの訳注を参照ください。

への反応、そして次のステップの計画づくりへと進みます。

それぞれのステップには、二～三分の時間しかかけません。早く進みすぎると思うかもしれませんが、そうでもありません。時間を限定することで、意図的にすると同時に構造的にしています。(10)

### 構成的なフィードバック（流れを定型化したもの）

最後に、誰かから素晴らしいフィードバックをもらったことを思い出してください。それは、本物でかつ具体的であり、ルーブリックやチェックリストをベースにしたものではなかったと思います。たぶん、話し合いであったことでしょう。

まさに、これが構成的なフィードバックの根底にあります。この種のフィードバックでは、生徒が診断的、批判的、明確にするためのフィードバックを行う際に使える言葉をあなた（教師）があらかじめ提供します。使える言葉の提供という形のサポートがあっても、生徒たちは依然として自分たちのものという意識で評価に取り組むはずです。

## 3-2-1

これは簡単です。[10] 生徒は、三つの長所、二つの改善点、一つの質問を提供します。

## 教師は今もなお重要な存在

ピア・フィードバックと自己評価は、生徒のオウナーシップにとってとても大切ですが、教師から受け取るフィードバックにも価値があります。時には、教えることのプロからの具体的なフィードバックが必要なのです。教師主導の評価においても、生徒をエンパワーすることはできます。そのよい方法とは、一対一のカンファランスです。

---

(10)「PLC便り」のブログの左上に「大切な友だち」を入力して検索すると、この方法のバリエーションを見ることができます。

表　1週間でクラス全員の個別カンファランス

| 月曜日 | 火曜日 | 水曜日 | 木曜日 | 金曜日 |
|---|---|---|---|---|
| 1 | 6 | 11 | 16 | 21 |
| 2 | 7 | 12 | 17 | 22 |
| 3 | 8 | 13 | 18 | 23 |
| 4 | 9 | 14 | 19 | 24 |
| 5 | 10 | 15 | 20 | 25 |

## 一対一のカンファランス

考え方はとても簡単です。一時間の授業で、三～五人の生徒にカンファランスをすることを計画してください。それぞれのカンファランスは平均五分です。これによって、各生徒との個別のカンファランスが一～二週間に一回もてることになります。

上の**表**は、ある週に行った個別カンファランスの例です（数字は生徒の番号を表しています。つまり、教室には二五人の生徒がおり、月曜日は生徒1～5を対象に行っているということです）。

カンファランスで、生徒に寄り添う案内役という教師の存在がもっともパワフルに機能します。生徒は、自分のしていることについて質問をしたり、制作しているものやプロセスの両方について振り返るように教師からエンパワーされます。これに慣れてくると、自分がしていることや、どのように改善する必要があるのかなどについて、生徒自らが率先して明らかにするようになります。評価が、教師主導の一方向のものから双方向のやり取りに転換するのです。[11]

## 三種類のカンファランス

次に紹介するのは、あなたが生徒と行える三つのタイプのカンファランスです。

### ①アドバイス・カンファランス

これは、生徒が主体的にアドバイスを求めることが目的となっています。このカンファランスは、生徒に欠けている特定のスキルを学ぶことに焦点を当てています。生徒は、自分が困っていることについて、いくつかの質問を教師に対してすることが求められます。ある意味では、特定のスキルを身につけるために、教師の注目を浴びながら上達を図ることができるわけです。つまり、生徒がやり取りの主導権を握り、教師の専門性を活用するわけです。

このカンファランスには、追加できるもう一つのメリットがあります。それは、間違いは学び

(11)　この種のカンファランスを中心に据えた教え方がライティング・ワークショップとリーディング・ワークショップです。「作家の時間、オススメ図書紹介」で検索して、見られるリストから興味のもてるものを読んでみてください。

のプロセスの大事な一部であることを生徒が受け入れられるようになることです。(12)

## ②振り返りカンファランス

これは、生徒の学びを振り返ることを目的としています。生徒に何をするべきか言ってしまう代わりに、生徒の振り返りを引き出すのです。ここでは、教師が振り返りを促すための質問をいくつかすることで(13)生徒のメタ認知的なプロセスを導き、生徒自身が目標を設定したり、自らの学びをモニターしたりします。

年度が進むにつれて、教師からの質問は必要度を下げ、生徒自身が言うべきことが言えるようになります。したがって、一人当たりのカンファランス時間も短くてすむようになります。

## ③理解度カンファランス

振り返りのカンファランスと違ってこのカンファランスの目的は、生徒自身が内容の理解度を判断することです。たとえば、すでにルーブリックやチェックリストが明らかにされている場合であれば、自分のレベルがどれなのかについて生徒に言ってもらうところからはじめるようなカンファランスです。

## 生徒に判断させよう

　私（ジョン）がはじめて自己評価、ピア・フィードバック、一対一のカンファランスを使いはじめたとき、クラス全員が何をするかは私が決めていました。しかし、時間が経つにつれて、何の目的でどんな方法を使うかについては、生徒自身が決めたほうがより意味があり、生産的な結果が得られることに気づきました。

　たとえば、ライティング・ワークショップ中に何人かの生徒が一〇分間のピア・フィードバックに取り組んでいるとき、ほかの生徒たちはチェックリストを使った自己評価をしていることも

---

(12)　ライティング・ワークショップのカンファランスにおいて、効果的でない書き出しを生徒が書いていた場合、それをより効果的な書き出しに転換するためのアドバイスを提供することは、ある意味で「間違いは学びの大事なプロセス」と言えます。ライティング・ワークショップでは、「間違い」とすら位置づけていませんが。

(13)　翻訳協力者から「具体的な質問例があれば分かりやすいと思います」というコメントがありました。たとえば、①自分は何を達成したかったのですか？　②どんな方法を使えばいいのですか？　③うまく使いこなせていますか？　④ほかに方法はありますか？　などです（『「学びの責任」は誰にあるのか』の一八一～一八二ページ）。なお、振り返り、メタ認知、目標設定について詳しくは、『増補版「考える力」はこうしてつける』が参考になります。

あります。最初は混沌としているように感じますが、生徒たちは、どのように、いつ評価をしたらよいかについて学んでいるだけでなく、どの時点で、どんな方法を使うのがもっとも効果的なのかについても学んでいることに私は気づきました。

# 第9章

## 私たちの学びのストーリーには、「失敗」ではなく、「失敗すること」が含まれるべき。これら二つには大きな違いがある

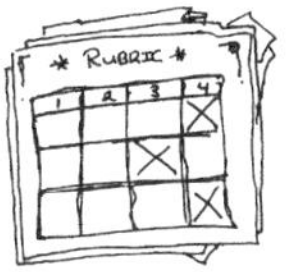

## 失敗から、失敗することへの転換

失敗（恒久的）　　失敗すること（一時的）(*)

（＊）　翻訳協力者から「日本では間違いと失敗がほぼ同義として使われている気がします。何といっても『失敗は成功のもと』ですし、『失敗や間違いは良い経験になる』みたいな並列の関係として」というコメントがありました。さらには、「英語での表現、failure と mistake を明記しておくと分かりやすいのかなと思いました」というアドバイスまでありました。しかし、原書で使われているのは「failure」と「failing」です。前者は名詞形で、後者は動詞形です。

娘が目を下げて、私（Ａ・Ｊ）のほうを見て言いました。

「私にはできない！」

私は彼女を見て、「片方の足をボードの上に乗せ、もう一方の足で地面を蹴り、動き出したらその足もボードの上に乗せるように」と、もう一度言いました。

彼女は、スケートボードを試しはじめてイライラしている典型的な六歳児です。

「嫌だ、もうできない。後ろから押して！」と、彼女は言いました。

両足をボードに乗せて、私が彼女を押したほうが簡単なことは分かっていましたが、その行為はこれまでに十分やってきましたし、次のステップではどうしたらいいかも示してきましたので（実際に、自分がやるところも見せて、倒れそうにもなりました！）、彼女が本当にスケートボードに乗りたいと言うのであれば自分で試し続ける必要があります。

「もう押さないよ」と私は言って、自分で試すように促しました。私のアドバイスは、より強く地面を蹴って、ボードが動き出したらその足をボードに乗せればいいんだから、ということに焦点を合わせていました。

見るからに、彼女は混乱していました。私が助けられることを知っていましたし、私も彼女を助けられるということは分かっています。しかし、より大事なことが彼女には見えていませんでした。私の助けなしで、自分で試す（そして失敗する）ことでしかスケートボードに乗れるようにはならないことに気づいていなかったのです。

## 「失敗」という言葉の問題

このような場面は、学校で失敗することが大切であることを示す事例です、と言うのは簡単です。学校以外では、私たちは試し、もしうまくいかなければしくじり、そしてやり直します。しかし、『教育のプロがすすめるイノベーション』[原13]（新評論）の著者であるジョージ・クーロスが自分のブログで指摘しているように、失敗が祝う（一緒に喜ぶ）べきものになっていないのです。

---

教育者たちが「失敗」について語るとき、何を言わんとしているのか完全に理解できますし、私たちはみな同じ考え方をしていると思います。そうは言っても、教師の語り方は、その言葉を使うことで一般大衆に誤解を与えています。私が知っているほとんどの人で、この言葉を擁護する人は、失敗しないために最大限努力をしています。彼らは教育者なので、生徒たちにレジリエンス（困難を乗り越える力）とグリット（やり抜く力）を教える努力もしています。

彼ら（や生徒たち）は失敗しているでしょうか？　間違いなく。しかし、私たちが語るべきは「失敗する」ことについてではなく、生徒が倒れても立ち直れるように教えることなのです。それを共有する必要があります。

ビジネスのスタートアップ（新興企業）やイノベーションでは、失敗することを受け入れることの大切さが強調されていることを知っていますが、それはとてもいいことだと私は思っています。

私たちが生徒に望んでいることは、失敗しないことではありません。「まえがき」でクーロスが指摘していたように、彼らが立ち上がってやり直すことです。本当に成功するためにはそれが一番いい方法なので、失敗することから学んだことに基づいて修正をしたり、再度試したりしてみることを生徒に期待しています。

私（A・J）が講演をするとき、「失敗」と「失敗すること」の違いを際立たせるために、スケートボーダーが三

失敗することは
過程を表している。

失敗すること（一時的）

でも、失敗には
最終的な意味合いがある。

失敗（恒久的）

五回もスケートボードから転げ落ちるシーンを写したビデオ[原14]を見せることがよくあります。失敗しても、彼はやめません。試すことをやめないのです。その代わり、彼は一回一回の過ちと繰り返しから学び、徐々に成功に近づき、そして最後に成功したのです。

## 大切なのは失敗すること

堂々めぐりの短いやり取りを終えて、私の娘は再びスケートボードに乗り、ガレージに通じる車道で練習をしはじめました。彼女は、両足をスケートボードに乗せて滑っています。そして、映画のワンシーンのようにうまく止まろうとしましたが、見事に転んでしまいました。転んだところは見なかったことにして、彼女ができたことを喜びました。

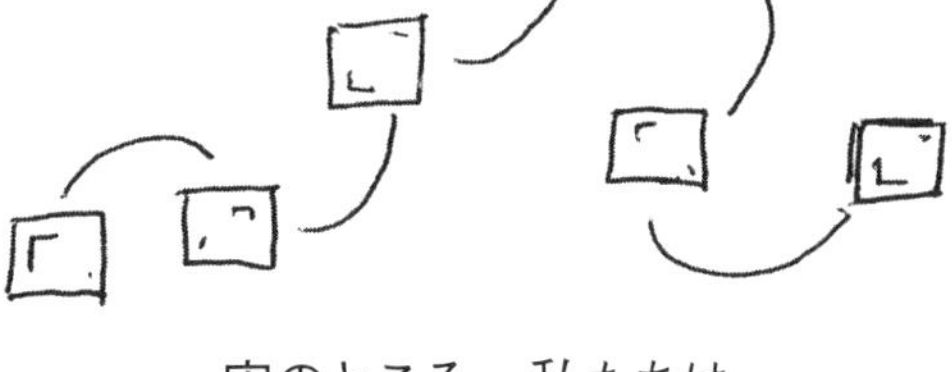

実のところ、私たちは
生徒に失敗してほしくない。
繰り返しによって、
成功してほしいと思っている。

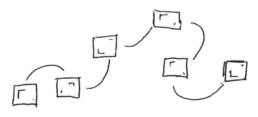

「両方の足をうまくボードに乗せられたね」

でも、この言葉は彼女の慰めにはなりませんでした。落ちたことを私の責任にして（部分的には当たっています！）、怒っていました。しかし次の日、再びスケートボードに乗った彼女は、どうすればうまく止まれるのかと挑戦していました。学びが、どんどん広がっていきます。

生徒にプロセス全体を体験させ、その途中で教師が最善のサポートを提供することができれば、「失敗すること」は決して悪いことではありません。それに対して「失敗」には、グリットやレジリエンス、あるいはやればできるという姿勢が含まれていません。これらの存在こそが、学びをどんどん広げるのです。些細な言葉の使い方の転換かもしれませんが、学び手の視点から見ると結構大きなものとなります。

成功に導いてくれる「失敗すること」に乾杯です！　絶対に、「失敗」は使わないでください。

# 第10章

## 生徒が学校に合わせるのではなく、学校を生徒に合わせるべき

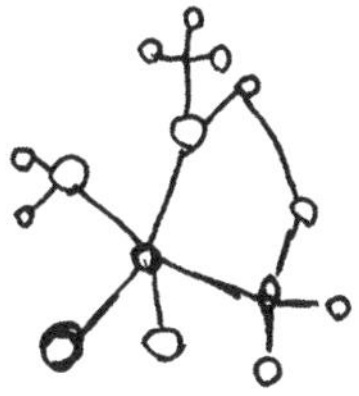

# 段階的なシステムから調整可能なシステムへの転換

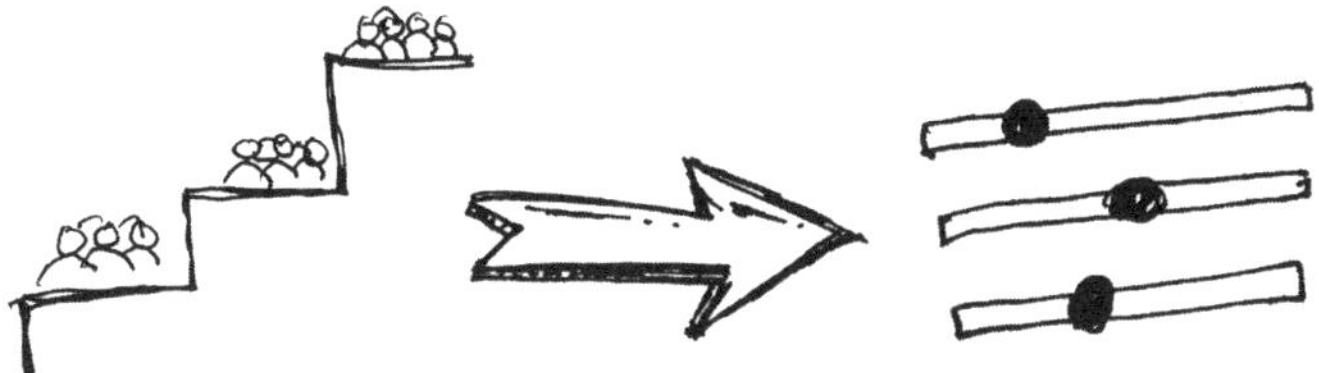

第二次世界大戦中、アメリカ軍はパイロットの高い死亡率という問題を抱えていました。[原15] 軍は、兵士養成の仕方の問題か、それとも速度の速い飛行機にパイロットが順応できないのではないかと推測しました。そして、パイロットに何か問題があるのではないかという前提のもと、すべての問題に対する解決策を探り続けました。しかし、いかなる微調整をしても改善を図ることができませんでした。

最終的に、すべてのパイロットを評価したところ、「平均」的なパイロットは一人も存在しないという結論が出ました。四〇〇〇人以上もいるにもかかわらず、たった一人も「平均」とされるパイロットが存在しなかったのです。

実際のところ、「平均的な男」に近いと判断されたパイロットがごく少数いました。平均というのは錯覚で、たくさんのデータを単純化することによってつくり出されていたのです。言うまでもなく、それは人間が開発したものですし、科学的／数学的な真実があるということで社会が受け入れていただけなのです。

この真実は、軍に衝撃を与えました。問題は、パイロットや飛行機、あるいはトレーニングの仕方にあったわけではなかったのです。真の問題は、さまざまな身体つきをしたパイロットを同一規格のコックピットに押し込めていたことでした。

問題を解決するためには、これまでとはまったく違うアプローチを見つけ出す必要がありました。オーダーメイドの操縦席をつくるのか？　もしそうなら、そのコストに対応できるのか？　そして、パイロットが引退したり死んだりした場合はどうするのか？　そのとき、この飛行機は使いものにならなくなってしまうのか？

ほかにもアイディアが出されました。操縦席にぴったりフィットする身体をもったパイロットのみを選ぶというものです。しかし、これも現実的ではありません。なぜなら、軍にとっては、戦争で戦うのにもっとも適したパイロットが必要だからです。

とはいえ、最終的には解決策にたどり着いています。

## ものを調整可能にする

そのとおりです！　ヘルメットのストラップを調整できるようにする。ペダルを調整可能にする。座席を調整可能にする。柔軟な「デザイン」と、「平均」という神話に人を合わせることから解放されたことで、突然、死亡率が下がったのです。

最初の制度は、平均という概念によってつくられていました。平均がまるで役に立たないということではありませんが、それはすべての人（パイロットの場合が典型です）に合わせたように設計されています。さらに悪いことは、個々人の知識、スキル、資質を評価しようとする際にその平均を使ってしまうことです。このような現象は、常に学校で起こっていることでもあります。[1]

ハーバード教育大学院で「心・脳・教育プログラム」を主宰している心理学者であるトッド・ローズ[2]（Todd Rose）の「The Myth of Average（平均の神話）」というタイトルのTEDトークで、上記のストーリーのすべてを聞くことができます。

## すべてが平均？

学校は、平均という制度に浸りきった場所です。成績を出すために、すべての課題に点数を付けて平均化しています。私たちは、生徒の成績を平均して「ベルカーブ[3]」を使っています。学力テストの点数を表した図表を見ながら誰が介入を必要としているかについて話し合う会議に、あなたはどのくらい頻繁に出席していますか？　それは、初等中等教育で広く受け入れられている「RTI[4]」から「PLC[5]」まで、頭字語が使われているプログラムの大事な部分を占めています。しかし、平均という捉え方は、教室で教える教師にとっては捉えにくい部分もあります[6]。

こんにちは、
あなたが探しているのは私ですか？
平均の生徒

平均的な生徒は、何を知っているべきでしょうか？　平均的な生徒は、これを学ぶのにどのくらいの時間がかかるでしょうか？　平均的な生徒は、このプロジェクトにどのくらいの時間をかけるべきでしょうか？

やはり問題があります。私たちは、平均的な生徒を教えることがないのです！

---

（1）たとえば、一斉授業もテストも「平均」の発想がないとできないことです⁉

（2）これは、残念ながらまだ日本語はありませんが、字幕が付けられる方法があります。https://www.howtonote.jp/youtube/play_video/index6.html

（3）正規分布の分布曲線の通称で、平均値を中心とする左右対称の釣鐘形になることからこの名称がつきました。

（4）（Response to Intervention）定期考査などの判断時期を待たずに頻繁な形成的評価を実施し、とくに学習が遅れがちな生徒に対して、必要に応じた介入／指導を行うプログラムのことを指します。ある意味では、文部科学省が二〇年前に言い出した「指導と評価の一体化」を実現したものの一つと捉えられます。

（5）（Professional Learning Community）学校の教師全員が、組織として、プロとしての責任を果たすために必要なことはしっかりやる、という意味です。狭義の意味では「ＲＴＩ」と似た活動を行います。そのやり方については『シンプルな方法で学校は変わる』（一五八〜一六一ページ）で紹介されていますので参照ください。広義の意味のＰＬＣは、評価と足りない部分を補うためのサポート体制に限定されていません。ブログ「ＰＬＣ便り」（無料）で幅広く扱っていますので覗いてみてください。

（6）言葉を換えると、教師の多くは次に掲げてあるような問いを常に頭に描いて授業をしているということです。そうでないと、指導案や指導書自体の存在自体が危ういものになりますから。しかし、「平均」という捉え方自体に問題があることが分かった今、それをベースにした授業をやり続けてしまっていいのでしょうか？

## あなたの生徒のなかに平均的な人は一人もいない

平均的なパイロットが存在しなかったように、平均的な生徒も存在しません。平均を狙うと、私たちが行う指導は誰にも合いません。

時間のことを例に取ってみましょう。あなたは、生徒たちが課題をこなすために一五分という時間を提供したとします。早くできる人もいるし、時間のかかる人もいます。平均は、誰にとっても役立つものではありません。生徒たちは、退屈したり、怒り出したり、イライラしたり、上の空だったりしているはずです。

## 一人ひとりをいかす教え方は、なぜ私たちを失望させたのか

長年にわたって、生徒たちが同じでないことを私たちは見てきました。生徒のなかには、ほかの子どもたちに比べて走るのがかなり速い子どもがいることを知っていました。その結果、生徒たちを段階に分けて、一人ひとりをいかす教え方を受け入れました。

そこで教師は、異なるレベルの生徒たちに異なる指導方法を計画します。たとえば、算数・数

学では三つの異なるやり方を準備します。ブッククラブでは、四つの異なる読みのレベルに合わせたグループをつくります。そして、書くときの指導では、「難しい」、「中くらい」、「易しい」課題を用意します。

一人ひとりをいかす教え方は正しい方向に進むためのステップとなりますが、しばしば個々の生徒のニーズを満たせないことがあります。たとえば、低い読みのレベルに入った生徒は、確かに解釈では苦労するでしょうが、推測することに関しては抜きん出た力を発揮するかもしれません。あるいは、低いレベルの代数という課題に取り組んでいる生徒は、深いレベルで一次方程式を理解していても単純な計算ではもがいているかもしれないのです。

これは、スキルだけに限定されたものではありません。個々の生徒は、異なる興味関心や情熱、そして予備知識をもっているのです。また、生徒たちは異なる質問をもっています。一人ひとりが、自分に合った異なるシステムをもっているのです。

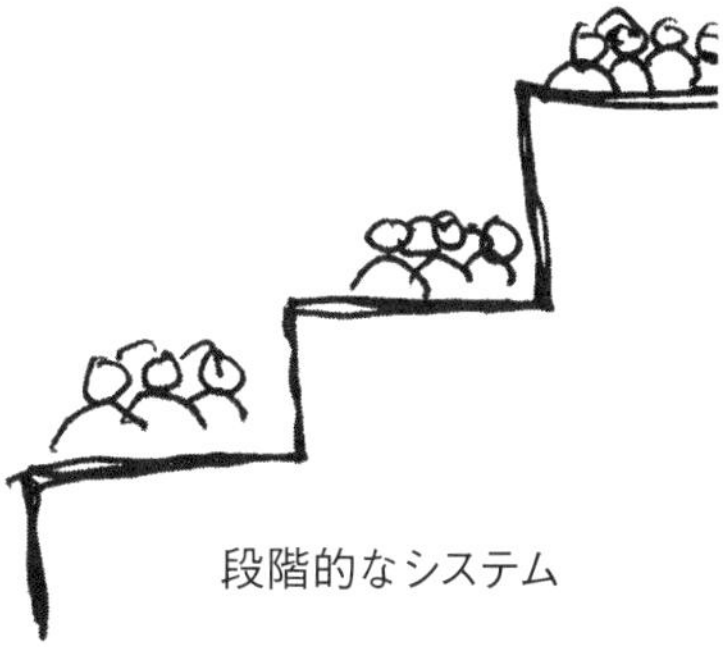

段階的なシステム

私たちには、どんな選択肢が残るのでしょうか？　私たちは、毎日、三二種類もの異なる授業案を計画しなければならないのでしょうか？　いいえ、ほかの選択肢があります。

## まず、アイスクリームについて話しましょう

「サーティーワン・アイスクリーム」は、名前のとおり三一種類のフレーバーを提供しています。ローテーションは毎月変わり、実際には何百、何千というフレーバーをつくり出していると思います。もし、あなたが選択肢の多さを探しているなら、ここがおすすめです。そして、あなたが好きな何かを見つけ出すチャンスはかなり高いでしょう。もし探せなかったときは、自分の人生について……少なくとも、あなたがアイスクリーム好きであるということについては考え直す必要があるかもしれません。

でも、ほかの誰もが求めないような特別な何かをあなたが探しているなら、「コールド・ストーン・クリーマリー」に行かなければならないかもしれません。ここでは、チョコファッジ・ピーナッツバター・プレッツェ

はい、間違いありません。
アイスクリームです。
そうです、アイスクリームです。

ル・アイスクリームを注文することができます。まさに、あなたが望むアイスクリームが買えることでしょう。

さらに……もしあなたがプロセス（過程）全体に参加したいなら、フローズンヨーグルト屋さんに行く必要があるでしょう。知っています！　そこは、正確にはアイスクリームではなくヨーグルトを売っているところです。フローズンヨーグルトは、見た目こそアイスクリームに似ていますが、メインとなる原材料はヨーグルトです。乳酸菌が入っていて、低脂肪・低糖質であることがアイスクリームと大きく違います。

フローズンヨーグルト屋さんでは、どのフレーバーがいいかについてあなたが決めることができます。「サーティーワン」より種類は少ないですが、量を指定することができるのです。もちろん、トッピングも指定できますが、(7) その種類だけでなく量も指定できます。つまり、すべてのプロセスに参加できるということです。

---

(7)「サーティーワン・アイスクリーム」と「コールド・ストーン・クリーマリー」は、ホームページを見ると理解するのに役立ちます。それに対して、「フローズンヨーグルト」で検索しても、ここに書かれていることをイメージするのが難しいかもしれません。

## 一人ひとりをいかす教え方を超えて

私たちが選択と一人ひとりをいかす教え方について話すとき、そのやり取りは「サーティーワン」のモデルを中心にして展開しています。「低いレベル」のグループは一すくいのアイスクリームしか得られず、進んだ生徒たちは三すくい得られることになります。

また、特定の選択についても同じです。多様なメニューを提供して、どのフレーバーがいいかと選択させるのです。いくつかのレベルでは機能します。教師として、あなたが内容とプロセスの質の管理を行うことになりますが、三一種類ものフレーバーを繰り返しつくり出すという行為はとても疲れるものです。

時に私たちは、一人ひとりをいかす教え方から個別学習に転換します。それは、「コールド・ストーン・クリーマリー」のモデルが紹介されたときです。ここで生徒たちは、内容を選択するという行為から自由選択に移行します。彼らは、選択リストから選んでいるのではなく、自分が欲しいものから出発しているのです。ここでは、より多くのオウナーシップがありますし、取り組みのレベルも増しますが、教師がまだプロセスのオウナーシップを握っているため結果的には疲れることになります。

生徒が内容とプロセスのオウナーシップをもつとき、彼らはフローズンヨーグルト屋さんのモデルに移行します。ここで彼らは、何を学びたいのかについて自ら選択します。彼らは、自分の好みの量のヨーグルトと、面白くてかつ必要と考えるトッピングに焦点を当てます。教師は、全体のシステムがうまく運ぶようにアドバイザーおよび設計者として存在し続けますが、生徒は自立的に取り組むことになります。もし、「サーティーワン」が一人ひとりをいかす教え方なら、「コールド・ストーン・クリーマリー」は個別学習で、フローズンヨーグルト屋さんは柔軟なデザインに基づくエンパワーメントとなります。

## 三つのモデルには何の問題もありません

クラス全員が一緒になって取り組まなければならないときは、選択肢がほとんどありません。ディベートに取り組んだり、ある記事を分析したりするときなどです。こういう場合は、選択肢のなさがクラスを一体化させるための大切な要因となります。

「サーティーワン」のモデルにシフトし、選べるメニューか段階的なシステムを設定するときもあります。これには何の問題もありません。異なる読みのレベルに合わせた小グループや、算数・数学の問題に特定の選択肢を提供するといった必要もあるからです。

個別学習にシフトするときもあります。あなたの負担は大きくなりますが、長期的に見れば、その見返りには大きいものがあります。あなたは生徒と一対一で会い、カンファランスか個人指導をします。その理由は、特定の生徒に合わせた特定の事柄が見つけやすくなるからです。

しかし、フローズンヨーグルト屋さんのマインドセットが必要になるときもあります。このときは、生徒にプロセスと最終成果品の両方を委ねます。彼らは極めて自立的で、テーマ、アイディア、成果物、自分たちの望み、情熱、好奇心あるいは知識やスキルのレベルに応じた質問を選びます。彼らは、教師の介入と自らをさらに伸ばす方法を選択することができるのです。

## 柔軟なデザインを受け入れる

本章の冒頭で紹介したストーリーを思い出してください。軍は当初、パイロットの能力の低さやトレーニングのせいにしていました。彼らは、自分たちがつくり出しているシステムではなく、パイロットに責任転嫁をしていたのです。しかし、パイロットを事前にデザインされたコックピットに座らせることから、個別のパイロットに合うようにデザインを変化させることですべてが変わりました。それを彼らは、オーダーメイドのコックピットをデザインするのではなく、パイロットのニーズに合わせて、柔軟な選択肢を提供することで実現したのです。

あなたは、パイロットが乗る軍の飛行機に「低い」、「中間」、「高い」座席があり、そのいずれかを選べると予想したかもしれませんが、彼らは調整可能な座席を開発し、一人ひとりのパイロットにとって最適な位置が選べるようにしたのです。

前者は、平均することや、一人ひとりに合わせるアプローチで行われます。実際それは、生徒たちを能力別に分けるときに行われています。しかし、後者のアプローチは異なります。すべてを柔軟に保ちつつ、ユーザー一人ひとりに合った判断をするようにしているのです。

調整可能なシステム

私たちの授業、プロジェクト、単元、課題が調整可能だったらどうなるでしょうか？　私たちの規則、物事のやり方、そして組織が柔軟だったらどうでしょうか？　生徒が、自分の望むように修正を加えることができたらどうなるでしょうか？　生徒をシステムに合わせるように強制するのではなく、生徒にシステムを合わせるように私たちが調整したらどうなるでしょうか？

言い換えると、「サーティーワン」のようではなく、よりフローズンヨーグルト屋さんのようになるということです。調整可能なシステムをデザインする際、次のような問いを発すると役立つでしょう。

「これを、より調整できるものにするにはどうしたらいいだろうか？　生徒は、これを自分のニーズを合わせるために、どのように修正できるだろうか？」(8)

## 大まかに構成したプロジェクトを準備する

あなたは、生徒が自分は何をつくるか、どのようにつくるかなど、より多くの自立性をもつことができる、大まかに構成したプロジェクトを準備することができます。(9)これは、課題を出すときの数字（三ページ、五つの段落など）を一掃し、生徒自身が量を判断できるようにすることを意味します。また、生徒はプロジェクトの形式も自分で選択できます。つまり、自分が判断すればマルチメディアも選べるということです。

## スキル、方法、学習目標を選択する

練習するスキルは、生徒自身が選ぶように奨励しましょう。自分がすでに知っていることを繰り返し学び続けるのではなく、まだ困難を抱えている部分を練習するための時間に充てるのです。

また、生徒が学ぶ際、最善の方法を選べるように助けましょう。

このアプローチは、生徒と教師の両方にとってイライラすることがあります。しかし、それがより多くの生徒にとって、選択と柔軟な学びのデザインに移行できる大事な要素となります。また、このアプローチは、教師が生徒とやろうとしていることについて信じる必要もあります。生徒に、「自分のニーズに従って修正してごらん」と言い切るのは容易なことではありません。

時に、生徒たちには追加となる助けが必要なときもあります。たとえば、遂行機能障害(10)をもった生徒は、自分が何をしたらいいかを決める際、追加の指示や枠組みを必要とするかもしれません。仮にそうであっても、柔軟なシステムのなかでうまく立ち回るための機会が彼らに提供されるのです。

エンパワーされると、生徒は誰もが想像もできないような形で自らの学びのオウナーシップを取りはじめるものです。

---

(8)　この点およびこの後に続く部分について詳しくは、『ようこそ、一人ひとりをいかす教室へ』（とくに、巻末の資料）をご覧ください。ここと同じイコライザーを使って説明していますし、契約という方法も紹介しています。

(9)　これの具体的なイメージをもっと授業で持ちたい方は、『ライティング・ワークショップ』と『作家の時間』およびそれを読みに応用した『リーディング・ワークショップ』や『読書家の時間』、さらには、それらを算数・数学、理科、社会に応用中の「数学者の時間」、「科学者の時間」、「市民／歴史家の時間」がおすすめです。

(10)　遂行機能（目的をもった一連の活動を効果的に成し遂げるために必要な機能）障害とは、高次脳機能障害の一つです。

## とても素晴らしいですが、実際にどのように見えますか？

あなたが五年生で、国語の授業[11]を受けている生徒だと仮定してください。能力別に分けられたグループ読書に取り組んだあと、書く課題に取り組む代わりに、あなたにはブログをつくる機会が提供されました。

あなたは、題材を選びます。
あなたは、テーマを選びます。

ここであなたは、ビデオゲームのブログをつくることにします。そうなると、この時間のかなりの部分は、ビデオゲームについて特定の問いを設定して探究することになり、それに関連する記事をいくつか読むことになるでしょう。教師との一対一のカンファランスの結果、あなたは特定の問いを明確にすることができなくて困っていることが分かりました。そこであなたは、それを自分の到達目標として選び、探究するための焦点としたのです。

探究の進め方が定かでないとき、あなたはいつでもオンラインのサポートを得ることができます。しかし一方で、クラスメイトと話して問題を解決するという選択肢ももっています。あなたが文献を読んで推測したことをクラスメイトと共有しました。クラスメイトは、あなたが明確にするために設定した問いとその推測を再確認してくれました。このように、途中での介入（修正・改善）が学習のプロセスのなかに組み込まれているのです。

この授業は、一〇〇パーセント個別学習化はされていません。クラス全員が、書いたもののなかに読んだ文献から証拠を挙げることに焦点を当てていますので、記事をどのようにチェックし、関連する情報（証拠）をどのように見つけたらいいのかについて、いくつかの短いミニ・レッスンが教師から提供されました。しかし、あなたはこの探究のプロセスのオウナーシップをもっています。あなたは操縦士であり、自分のニーズに合わせる形でコックピットをオーダーメイドにしているのです。

最終的に、あなたはブログに記事を書きはじめます。結果的に、かなり乱雑な五段落エッセイ(12)を書き上げました。あなたの隣の人は、長い導入部と短いリストしか書いていません。あなたの斜め向かいの人は、ポッドキャストを終えたところです。

---

（11）原書では、ここは「国語のブロック」となっているので「二時間続き」であることを意味します。具体的なイメージをつかみたい方は、『増補版「考える力」はこうしてつける』（六六～六七ページ）をご覧ください。このあとの本文で紹介されている事例は、そこからさらに進化していることが分かります。

誰も、同じことはしていません。
多少はごちゃごちゃしています。
しかし、大きな問題ではありません。

これがフローズンヨーグルト屋さんです。一つ一つの作業が違っているのですから。

---

(12) 文章の形式は、序論・本論・結論からなる三段法ですが、本論をさらに三段落に分け、全部で五段落になることから「五段落エッセイ」と呼ばれています。

# 第11章

# もしストーリーが自分のものなら、その学びは学習者をエンパワーする

ここに至るまでに忘れてしまったかもしれませんが、あなたのクラスにはストーリー（物語）があります。あなたは、単調な仕事に追われているかもしれませんし、圧倒されているかもしれません。ひょっとしたら、楽しんでいるかもしれませんが、あなたのクラスとあなたの学校にはストーリーがあるのです。

私たちは、およそ一〇か月間、生徒といっしょに食べて、生活をともにし、そして学びます。彼らが失敗するのも見ますし、成長する様子も見ます。また、彼らがつながったり、協働したりする様子を見ますし、彼らがつくるのを助けます。年度の終わりが近づくと、あなたのクラスのストーリーを振り返るときとなります。当然、一つ一つのクラスは違うので、すべてのストーリーが異なる終わり方をします。

エンパワーされた生徒は、自分のストーリーが、一日七時間や終了のベルを超えて学校の外にまで続いています。また、エンパワーされた生徒は、自分の学びのストーリーを紡ぎ出し、卒業することとは関係なく、学校にいる間に何かインパクトのあることを行い、そのストーリーに追加する機会を楽しんでいます。

**あなたのクラスにおけるストーリーの主役は誰か？**

## どのように物語を語るのか

最近、私（A・J）は講演家であるドナルド・ミラー（Donald Miller）の『どのように物語を語るのか（How to Tell a Story）』[原16]（未邦訳）を読みました。すぐに読み終わる本ですが、思ってもいなかった発見がありました。

私たちは物語を当たり前のものとして捉え、それは「子どものためのもの」と位置づけてしまいがちです。しかし、大人も物語を通して自分の人生を共有しているのです。毎日には、「はじまり」、「中」、「終わり」があります。すべての人生の出来事、すべての仕事、そして毎年、同じように形づくられています。

同じことが、あなたのクラスと学校年度にも言えます。ミラーは、たくさんの本や映画、そして私たちの人生で使われている簡単な物語の構成を提供してくれています。次ページに掲載した**図**は、それをスケッチで表したものです。

これが、あなたのクラスにどのように応用されているのか見ていきましょう。あなたのクラスの物語の主人公は、一人の生徒かクラスの全員です。あなたがその人物を特定したら、次のステップは何が問題（だった）かを理解します。

## 私のクラスの物語

数年前、私（A・J）は自分のクラスで実施した「20パーセントの時間」というプロジェクトについてたくさんのことを書きました。下の図を使いながら、私のクラスの物語について考えてみましょう。

主人公（生徒たち）は、問題を抱えていました（彼らはどんな学習体験をするかではなく、どんな成績を得るのかしか興味がありませんでした！）。彼らは、計画（「20パーセントの時間」プロジェクト）を提供する案内役（私）に会いました。私は、彼らに行動することを求めました。

「私が成績をつけるから学ぶのではなく、自分が学びたいことや自分が情熱をもっていることを学んでください」

それは、大成功で終わりました（成績とはまったく関

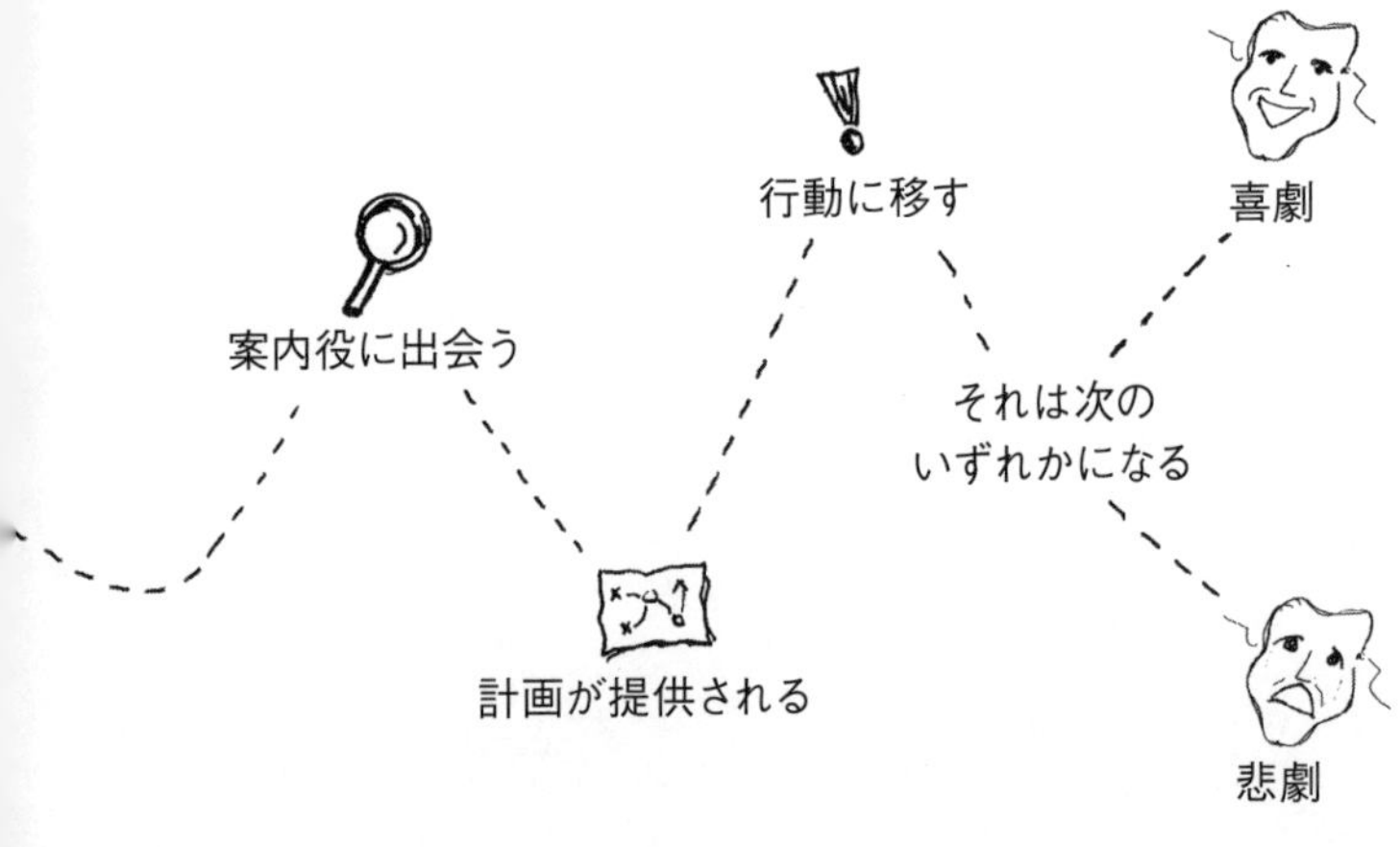

係なしに、たくさんの素晴らしい成果発表が行われる形でハッピーエンドでした）。これは、クラス全体の物語です。その物語のなかには、一人ひとりの生徒の物語がありました。そのなかの一つを紹介すると、こんな感じです。

主人公（ある女子生徒）は、問題を抱えていました（人前で歌うのが怖がっていました）。彼女は案内役（プロジェクトを通して見つけたメンター）に会い、計画（最初は、人前で歌う必要がないという選択肢）が提示され、行動に移す（自分で録音して、無記名でオンラインに載せて紹介記事も書く）ように促されました。それは、大成功でした（彼女はたくさんの肯定的なフィードバックをオンラインで得、その後に自分の名前を明らかにし、ほかのたくさんの歌も紹介しました）。

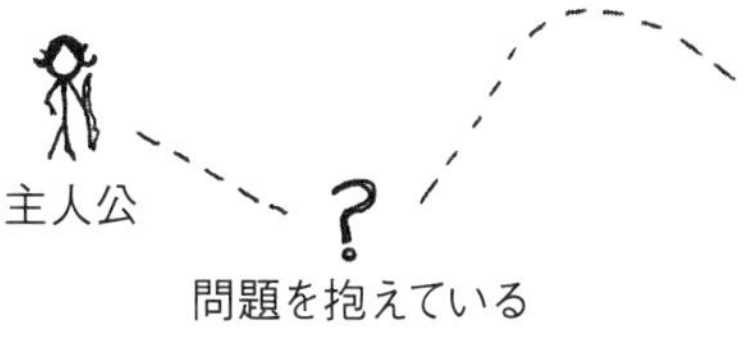


## あなたは案内役

大切なことは、あなたのクラスと一人ひとりの生徒を、これから語られる物語の「語り手」と捉えることです。

**「寄り添う案内役」になることは、影響力が低下することを意味しますか？**
**答えは「いいえ」です。**
**案内役は、実際はとても影響力があります。**

ガンダルフ　ヨーダ　フリズル先生

ガンダルフ（*Gandalf*）は、J・R・R・トールキンの「中つ国」を舞台とした小説『ホビットの冒険』、『指輪物語』の登場人物です。彼は魔法使い（イスタリ）の一人で、白の会議の一員でした。

ヨーダ（*Yoda*）は、『スター・ウォーズ』シリーズに登場する架空の人物。

フリズル先生が、不思議なスクールバスに子どもたちを乗せて太陽系などさまざまな所へ連れていく作品です。ジョアンナ・コール著・ブルース・ディーギン絵を原作とし、日本では『フリズル先生のマジック・スクールバス』シリーズ（藤田千枝訳）として岩波書店から出版されています。邦訳は、オリジナル・シリーズ12作のうちの８作のみですが、これ以外にも別シリーズで合計53冊が出ており、テレビアニメーションにもなって日本でも放映されたことがあります。（ウィキペディア参照）。

――それはいいのですが、もし生徒たちがこの最高の冒険に取り組み、自分たちの学びの責任をもっているなら、教師の役割はどうなるのですか？

教師の役割は、主人公（クラス全体かある特定の生徒）を行動に導くという案内役です。でも、主人公にほかの案内役（常に自分がその役割を果たす必要はありません！）を紹介することもあり得ます。そのほうが、生徒が扱うテーマや状況によってはより助けとなるからです。

このようなことをすると、あなたは惨さを感じるかもしれません。というのも、案内役になるということはパワーとコントロールを放棄することになりますから。しかし、そうすることによって、生徒たちは自分で判断する、より多くの機会を得ることができるのです。そして、彼らは個人と集団の物語をもつことになります。「案内役」になるということは、影の薄い存在になるということかもしれません。

誰か、彼らの凄さを疑う人がいるでしょうか？　教師としては、ガンダルフよりはフリズル先生のほうが上です。ガンダルフは「渡るなかれ！」(1)という言葉を発することで有名ですが、フリズル先生は誰もが学べるように努力しています。でも、ガンダルフは悪霊が通れないようにして

---

(1)「おまえは、ここは通れない」という意味です。

いました。これらの案内役は、主人公とよい関係を築き、ほかの登場人物のヒーロー的な部分を引き出すことによって、とてもパワフルな役割を果たしていました。

神話学者のジョーゼフ・キャンベル［原17］（Joseph Campbell, 1904～1987）は、冒険的な物語の構成を説明するために「英雄の旅」という新しい用語をつくりました。英雄は、極めて困難な状況に直面しますが、最終的には生まれ変わった人となります。下の図のなかで、案内役がどれだけ大きな役割を担っているかに注目してください。

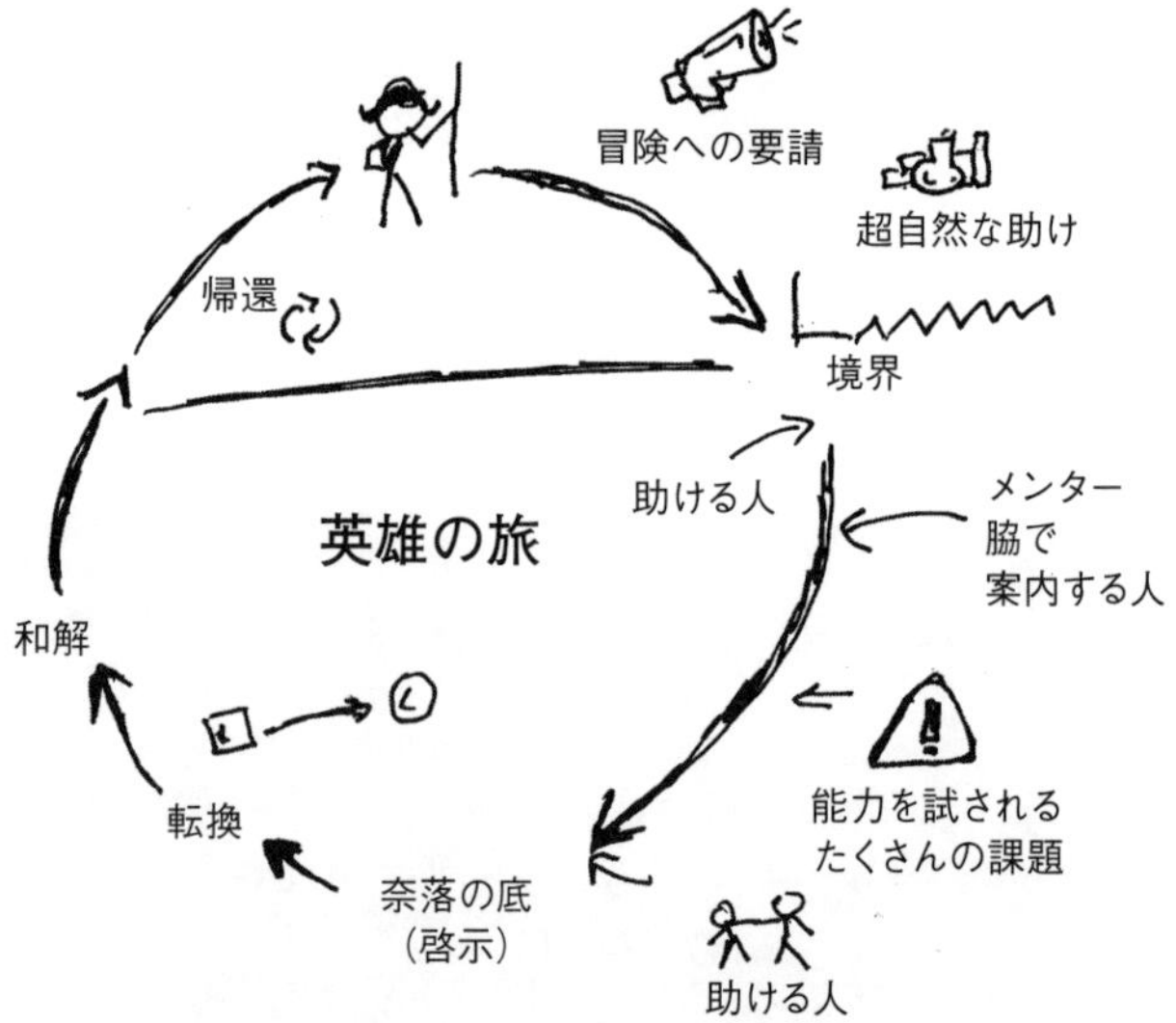

表　物語とプロジェクトの関係

| 物語の要素 | プロジェクトの要素 |
|---|---|
| 主人公 | 物語の進行役を担う生徒 |
| 案内役 | 生徒のメンター役を担う教師 |
| 対立 | 生徒がこだわりをもつ課題 |
| テーマ | 浮かび上がってくる意味のある教訓 |
| 場面 | 本当にある状況 |
| 誘発的な出来事 | 探究の出発点 |
| ヤマ場 | 生徒がつくり出す、解決する、発表する |
| 結末 | 生徒たちはエンパワーされる |

## すべてのプロジェクトは物語

それぞれの学校の一年間は大きな物語です（多分、冒険のシリーズと言ったほうがいいかもしれません）が、個々のプロジェクトはさらに壮大な物語の可能性をもっているのです。そこで生徒たちは英雄になり、意味のある問題に取り組み、その過程で大切なテーマを見つけ出します（上の表を参照してください）。

## あなたのクラスの物語を紡ぎだす

教えることは、常に簡単なわけではありません。多くの生徒にとっては、学ぶことも悪戦苦闘なのです。教師は、この教えることと学ぶことの間に存在する「行ったり来たりのプロセス」をうまく運ぶという役割を担っています。私たちは、後押しをしたり、チャレンジしたりすると同時に、助けたり導いたりもします。しかし、単調な仕事のなかでは自分を見失いがちともなります。これが、多くの教師が燃え尽きてしまう理由でしょう。そしてまた、たくさんの生徒が学校に不満をもつ理由ともなっています。

しかし、学校での一年間を一つの旅と捉えるとどうなるでしょうか？　その一年は、結末を迎えると同時に新しい旅への出発点ともなるものです。こう考えたら、私たちのマインドセットは、単調な仕事をこなすことから最善の物語を紡ぎだすことに転換すると思われます。

年度の初め、あるいは年度の途中でも生徒たちに話すとき、私たちが出発しようとしている旅について生徒たちが理解できるようにしてください。ドナルド・ミラー（一九三ページ参照）が指摘していたように、難しい概念も物語の体裁で紹介されると人は理解しやすくなるものです。

**「もし、生徒に複雑な概念を理解し、共感してほしいなら、それについての物語を語ってください」**

物語の形で話されると、人の脳では「ピンと来る体験」がつくりやすくなります。言わんとされていることが理解しやすくなるのです。そのため、よい物語を語れる人は、ほかの人よりも早く、より強固なつながりを築くことができます。

## 実際、あなたは寄り添う案内役以上の存在です

教育界で広く知られたフレーズに、教師は「壇上の賢人」から「寄り添う案内役」にならなければならない、というのがあります。この考え方は、従来のように生徒が学ばなければならないことを一方的に教え諭す代わりに、生徒の学びを脇からファシリテートするべきだ、というものです。とはいえ、この考え方は全体像を正確に捉えているとは言えません。私も含めた多くの教師が「見逃しがち」となっている重要な点があるのです。

**「時に、物語の主人公は生徒ではないことがあります。教師の場合もあるのです」**

年度中に、生徒たちが私の案内人になり、私に行動を求めたことが何度あったことか。あなたにお伝えできないぐらいたくさんありました。私たちは、みんなが壮大な冒険のメンバーなのです。私たちはみんな、互いに学び合っているのです。

実際、もっともよい物語は、生徒たちと一緒に冒険の旅に出発したときに起こります。それは、一緒に着手して、互いに学び合っているときです。私たちが学んでいるのは異なる内容かもしれませんが、旅が共有されていたことだけは確かです。

生徒たちの学びの物語を、教師も主体的な役割を担う共有された旅と捉えると、私たちは寄り添う案内役以上の存在になることができます。(5)

## 教師は成長途上にある案内役

私たち教師はこの冒険の主体的な参加者で、その過程において、生徒たちと同じくらいたくさんのことを学びます。生徒たちが学びの物語を紡ぎだせるようにエンパワーされ、クラスの仲間や教師と学びの旅を共有すると、彼ら自身がつくり出したり、デザインしたり、探究したりすることを通して、自分と周囲にいるほかの人たちの人生に劇的な影響を及ぼす機会をつかむことになります。

(5)「教師も主体的な学び手である――この部分が日本の教師観には欠けているなと思いました。やっと日本は、教師はファシリテーターである、と言いはじめた段階です」という翻訳協力者からのコメントがありました。

# 第12章

# 生徒をエンパワーする際の出発点

## （1）一つのプロジェクトからはじめる

生徒がオウナーシップをもつことは大切です。生徒が選択する際、教師の介入や支援、発展学習、生徒の自己評価の仕組みや体制を整えるためには時間がかかります。そのうえ、（たとえば、生徒たちが夢中に取り組むこと間違いなしで、選択とは一切関係ない読み聞かせやソクラテスのセミナーなどの）[1]素晴らしい授業におけるアイディアをもっているかもしれません。

これが旅のはじまりです。あなたにとって何がよいのかを明らかにするには数年を要するかもしれませんが、心配しないでください。たとえどんな小さなステップであっても、生徒のオウナーシップに向けた努力は貴重なものです。

一つの選択をベースにしたプロジェクトからはじめるのがよいと思います。それであれば、事前の計画や振り返りを可能にするだけでなく、教えている間も修正が可能です。[2]それは、二週間ぐらいの単元かもしれません。あるいは、長期休暇の前日や州の学力テストの最終日など、正規の授業としては使いにくい日を利用した、一日がかりのプロジェクトかもしれません。

以下の数ページで、生徒が選択の出発点として使えるいくつかのプロジェクトについて紹介していきます。

## 才能を磨く時間（Genius Hour）

もし、あなたが完全に自立的に、しかも長期的に取り組みたいなら、「才能を磨く時間」というプロジェクトを試してみることをおすすめします。これは、生徒たちが毎週設定された時間を、各自がゼロからつくり上げるというものです。

グーグルが社員に対して「20パーセントの時間」を提供していることをヒントに得た「才能を磨く時間」は、選択をベースにした革新的なアプローチです。グーグルの社員は、一週間のうちの一日を、自分がもっている情熱に費やしているのです。社員のそれぞれが独自に行ったプロジェクトは、さまざまな意味においてグーグルに利益をもたらすという数々のイノベーションを起こしました。教室でやり遂げるのは決して簡単ではありませんが、十分可能です。

生徒たちは自分のプロジェクトを計画し、そして管理します。一人で取り組む生徒もいるでしょうし、協働して取り組む生徒もいます。問いや探究からはじまるプロジェクトもありますし、

---

（1）ソクラテス式問答法に示唆を得た討論の方法です。詳しくは http://innadeshikoway.com/?p=6513をご覧ください。

（2）選択をベースにした授業やプロジェクトについて詳しくは、『教育のプロがすすめる選択する学び』が参照してください。

## ワンダー・ウィーク
### （探究の１週間）

ワンダー・ウィークは探究ベースのプロジェクトで、１週間、生徒が何か興味をもっていることについて問いを立てて調べます。それらは、決して通常の学校の授業では答えられることのない、それぞれの頭から離れない問いです。

**知りたいと思う気持ちを活用することを忘れてはいけない。**

何か創造的なことを行うことからはじまるプロジェクトもあります。柔軟であることが大切なプロジェクトです。

### ブログに夢中になる

これは単純なものです。生徒たちが、自分のこだわりをもっているテーマについて、ブログを書き続けるというプロジェクトです。まず、生徒たちの見本になりそうなブログを見せ（それは、生徒たちが興味をもてるノンフィクションへの招待を意味します）、彼らの傾向や様子を見ます。食べ物関係、スケートボード、スポーツ、ファッション、ゲーム、自動車、歴史、そして科学のブログなどです。

次は、自分のこだわれるブログを開設します。しばらくの間こだわることができるであろう興味関心と対象を設定します。そして、多様な形態でブログを投稿しはじめます。

①ビデオ、オーディオ、文字などの入力方法を決めます。
②投稿する記事のテーマを選択します。
③テーマに関するリサーチを行い、発見したことをクラスメイトと共有します。

④ブログに投稿する形態は、リスト記事、(3) Q&A、インタビュー、人の興味をそそる記事、説得力のある記事、何かをする仕方を教える記事などです。

「ブログに夢中になる」では、生徒が自分の書きたいテーマと対象設定から、リサーチ、下書き、修正、校正、出版までの、「書くプロセス」すべてについてオウナーシップをもちます。彼らは、各投稿の形態やジャンルも選択します。そして、最終的に彼らは、書くことと自分が選んだテーマの専門家になるのです。(4)

## (2) 信頼できる同僚と協働する

私が最初に選択を基調にしたクラスづくりに転換したときは、孤独に感じたものです。「浮いた存在」になりたくなかったので、リスクを回避する方法を取りました。もちろん、たくさんの過ちを犯しましたが、それは私のフラストレーションを共有できる人が誰もいなかったからです。もし相談すれば、次のようなことを言われると思ったのです。

・あなたは理想的すぎる。
・授業で、子どもたちはそんなに選択をすべきじゃないだろう。

・あまりにもたくさんの選択肢を与えると、自分勝手な子どもたちを生み出さないか。

しかし、二年目に新任教師のハヴィエルに出会いました。私たちは親友になり、信頼できる同僚になりました。私たちは、成功したことや失敗したことを頻繁に共有しあいました。私たちは、いい、もろさをさらけ出すことができました。(5) そして、徐々に私たちはプロジェクトを協働で行うようになりました。二人でやることでより創造的なリスクを取ることができたのです。

## (3) あなたのクラスの選択にまつわる査定をする

「生徒自身ができることに対して、教師である私は何をしているのか?」という問いを掲げて、教室で行っているすべてのことを査定してみるとよいでしょう。これによって、生徒をエンパワ

(3) 情報を箇条書きスタイルでまとめた記事のことです。
(4) 訳者が過去一〇年ぐらい実践している「プログに夢中になる」は三つあります。それぞれ「PLC便り」、「WW&RW便り」、「ギヴァーの会」で検索してみてください。
(5) 「もろさ」ないし脆弱さは、創造性に欠かせない要素です。「ブレネー・ブラウン　傷つく心の力」をTEDトークでご覧ください。

ーするだけでなく、生徒指導の時間が減り、より多くの時間を本来の仕事である学習指導に費やすことが可能となります。

目を閉じて、自分が生徒だとイメージしてください。あなたのクラスで一時間の授業ないし丸一日を過ごしたとして、生徒として、何をやりたいかを出してみるのです。

共感をもって考えることは、本当に「目から鱗」の思いがしました。実際にこれをしてみて私が気づいたことは、教室でのやり方のほとんどは、教師としての私にとって都合がよく設計されていたということです。そして、それは、まったく生徒のためになっていなかったのです。

しかし、生徒がやり方のオウナーシップをもちはじめると、すべてがより組織的になり、混乱することが減ったのです。生徒たちは、押し付けられたものについて勘繰るという必要がなくなったからです。あなたのクラスや授業において、どんなことが柔軟な制度に変更できるかと、自分に問いかけてみてください。

## (4) スタンダードを考え直す

あなたには、スタンダード[6]とそれに対応するカリキュラムが提供されているはずです。あなたは、特定のカリキュラムをカバーしなければならない立場にあるかもしれません[7]。**スタンダード**

**は選択のための枠組みを提供してくれている、と捉えるのがいいと思います。**それは青写真のようなものですが、実際に考え出したり、装飾を施したり、自分たち（生徒と教師であるあなた）のものにしたりするのはあなたなのです(8)。

スタンダードを見て、次のような質問をしてみてください。

❶このスタンダードのなかで扱う内容が自由なのはどこか？　生徒がテーマなどを選ぶことは可能か？

❷このスタンダードをほかのスタンダードと関連づけることはできるか？　それらを大きな塊にしたり、重ねたりすることは可能か？

❸このスタンダードを使ったとき、生徒にはどのような選択が可能か？

❹このスタンダードのなかで、生徒が好みの方法を選べるのはどこか？

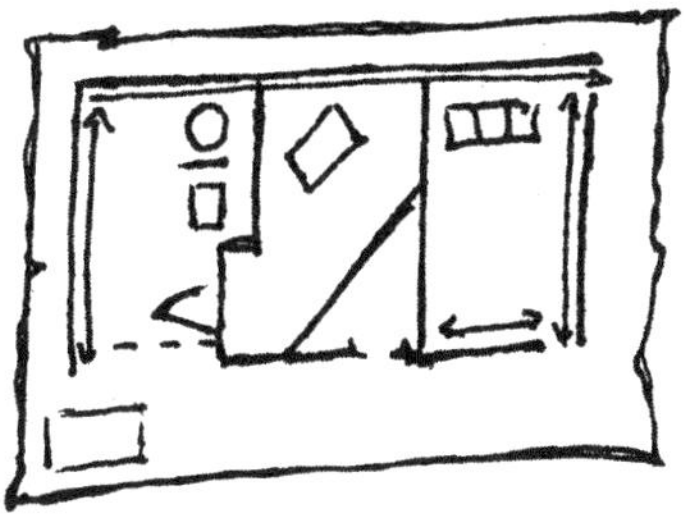

---

（6）日本では「学習指導要領」と言い換えられそうです。

（7）これと同義なのが、日本での「教科書をカバーすること」と捉えられます。

（8）本文に掲載されている質問も考えながら、カリキュラムをつくり出すのは一人ひとりの教師ということです。逆に言えば、それらの質問を無視したり、自分が納得のいくカリキュラムをつくらない選択をするということは、教えることのかなりの部分を放棄していることを意味します。

## (5) 関係者とコミュニケーションを図る

生徒に選択を与えることは、時に保護者や校長に「手抜き」と捉えられることがあります。「生徒たちに何でも好きなことをさせる楽しい教師」と、あなたは見られてしまうのです。

あなたのビジョンを、管理職、同僚、そして生徒の保護者としっかり共有することが必要となります。生徒が選択することが、どのようにモチベーションとエンゲイジメントを高めるかのデータを、保護者と共有するようにしてください（たとえば、三一ページに掲載した表などです）。これは、好きなことを単にさせていることとはまったく別物であることを生徒に理解してもらってください。

あなたが、仕組みやルール、そして期待を明確にもっていることを管理職に伝えてください。デザイン思考や探究学習を説明するときには、「試験的な試み」という言葉を使ってください。

真剣に、試すのです！

リーダーは、そういうことが好きなものです（嫌いな人もいますが！）

「才能を磨く時間を試験的に試してみます」と言ってみるのです。あるいは、「芸術やビジネス、そしてエンジニアリング部門で使われているデザイン思考を私たちは試験的に試してみます」と言うのもいいでしょう。

そして、その試験的な取り組みを管理職や保護者に見てもらうのです。実際に見てもらえれば、選択が、好きなことをさせて楽しむ以上のものであることが理解されるでしょう。

## (6) モデルで示す

生徒たちは、あなたが提供する選択に慣れているわけではありません。ですから、いつどのようにして教師の助けや介入を得る選択をしたらよいのか、自分のプロジェクトをどのように管理したらよいのか、さらには自分が行き詰まったと感じたときにどのような判断を下したらよいのかなどについて、生徒たちに教える必要があるかもしれません。(9)「責任の移行」モデルを使うとよいでしょう。あなたが何かのスキルを身につけようとするとき、

---

(9) これらの選択に関連することについて詳しくは、『教育のプロがすすめる選択する学び』が参考になります。続く文章の「責任の移行」モデルについては、『「学びの責任」は誰にあるのか』で詳しく紹介しています。

あなたはたくさんのビデオを見るはずです。また、あなたは、ほかの人の真似もするでしょうし、専門家の意見も聴くことでしょう。さらにあなたは、リスクを取ることを嫌がるでしょうし、自分が正しくやれているかどうか気になるでしょう。

初めて学びのオウナーシップを取る生徒も同じです。彼らは、それがどのように見えるのかについて知りたがっているのです。教師であるあなたには、それについてモデルで示すことができます。

生徒がすでに知っていると判断できるときは、あなたは生徒に許可を与えるべきです。あなたは、自己評価に必要なメタ認知をモデルで示さなければなりません。また、あなたには、意思決定のプロセスをモデルで示す必要もあります。生徒が選択する早い段階では直接的な指導が必要となりますが、それは問題となりません。生徒たちには、選択に必要なことを実際に見える形で提示される必要があるのです[10]。

## (7) 信じて飛ぶ！

簡単ではありません。完全にはできません。間違いも犯すことでしょう。でも、最高の冒険なのです。

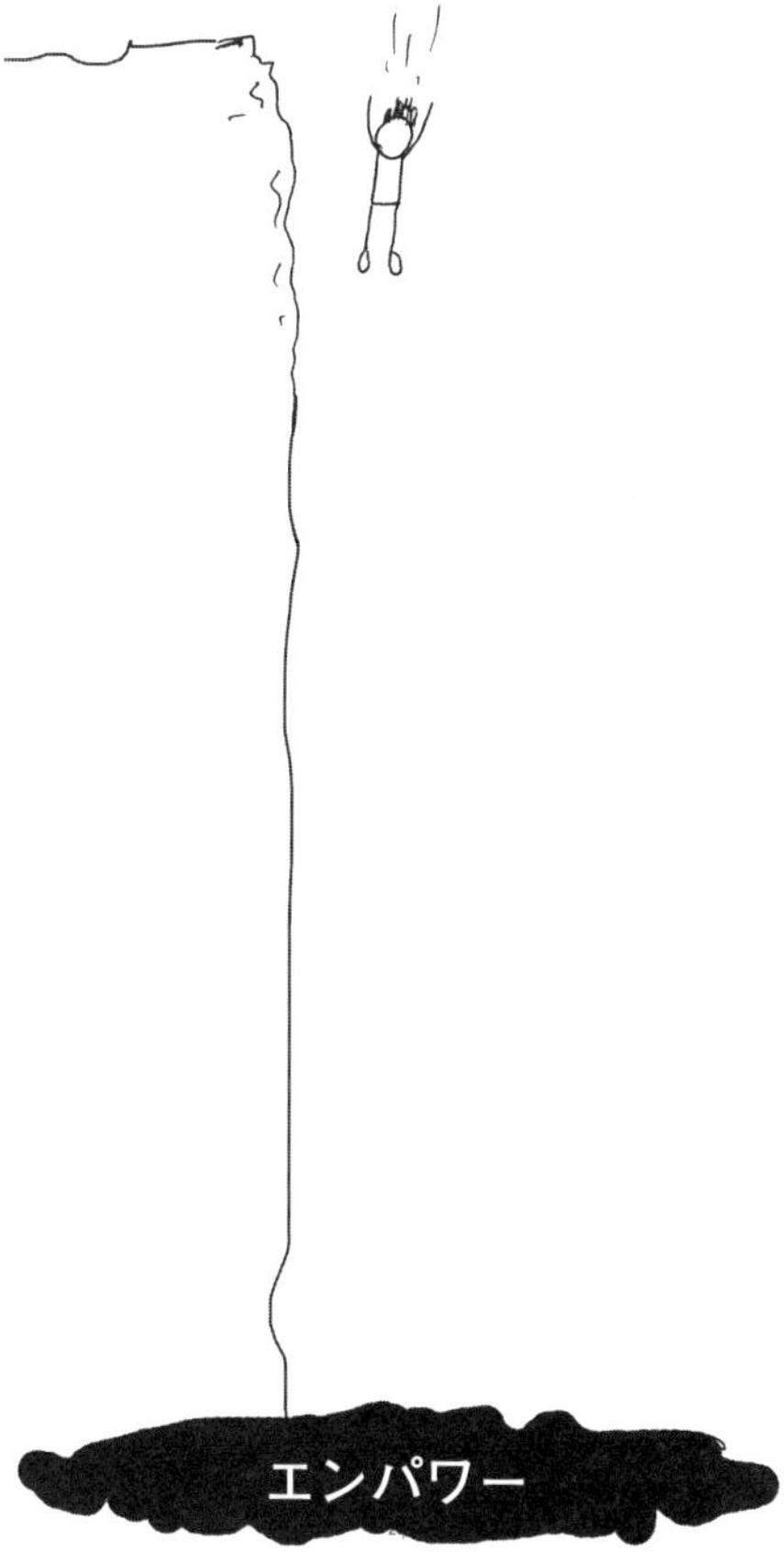


(10)　モデルを示す、教師の考えている思考過程を見せるのに最も優れた方法の一つとして「考え聞かせ」がありま す。『読み聞かせは魔法！』の第3章をご覧ください。

## 生徒のオウナーシップはなぜ大切か

### 壁画プロジェクト

それは、単純なアイディアでした。学校で落書きを消すためにペンキを塗ると、二四時間以内に再び落書きされることに三人の女子生徒が気づきました。彼女たちは、こんなことが起きている学校は安全じゃないし、不安にさせるので、この問題を解決したいと言いました。

当初、彼女たちは監視カメラを設置するための資金集めをするか、地域住民で見回り隊を結成しようと考えました。しかし、落書きに関する彼女たちなりの研究が進むと、学校での落書きには傾向があることに気づきました。

さまざまなところに落書きをする人は、自分たちのことを「落書きアーティスト」と思っており、退屈なスペースを自分たちのサインで埋めているだけと捉えていることが分かったのです。それは、ギャングのような脅威をもたらすものではありませんでした。(11)

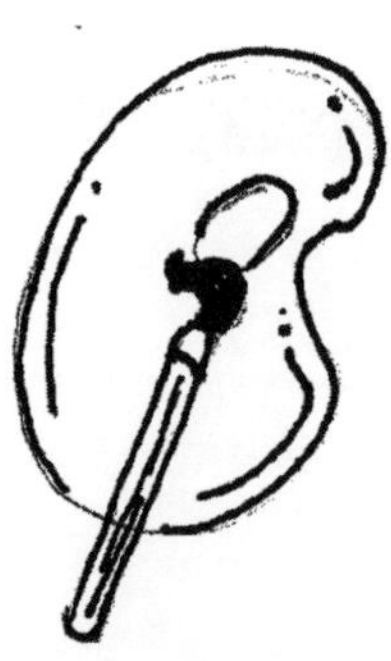

**落書きは、自分のことを知ってほしい人たちによって描かれたものなのです。**

もちろん、そのことが器物損壊の言い訳にはなりませんが、少なくとも彼女たちの視点を変えることにつながりました。これによって、**大胆な**アイディアが生まれたのです。

三人のうちの一人が二ページの計画書を持って、私（ジョン）に提案をするためにやって来ました。私がその計画書を読み終えるのを待つことなく、彼女は考えていることを話しはじめました。

「私たちは、落書きをアートでカバーすることにしました。そうしたら、落書きをする人たちはアートには触れないと思うのです」

「アートギャラリーのように？」

「いいえ、壁画です。壁画はどこにもありますから」

それから彼女は、自分たちの壁画をつくり終えたら学校がどのように見えるかについて詳しく説明をはじめました。そのアイディアを校長に投げかけたところ、校長はすぐにゴーサインを出してくれました。

---

（11）公共の建物などに、スプレーで自分のサインやマークなどを落書きする人のことです。

これが大きなプロジェクトの発端です。どのような材料を使うか、作業の進め方、そして全体のコンセプトまで、たくさんの小さなグループがミーティングをもって計画を練りました。結果的に、「移民」をテーマにして、多様な文化がパッチワークのように存在している様子を表すことに決めました。マイケルという男子生徒が全体のコンセプトを描き上げ、壁を縮小したグリッド方式(12)でデザインすることにしました。

## 生徒たちがプロセスのオウナーシップをもった

デザインを描くのに、一週間費やしました。五人の生徒が始業前に、七人の生徒が終業後に、その作業に参加しています。そして、ある土曜日の朝早く、まだ頭が朦朧としている一二人が私とともに集まり、描きはじめることにしました。突然、壁画のビジョンが現実のものとなりはじめました。生徒たちが絵筆を動かしはじめたところ、真っ白な壁が芸術作品に転換したのです。

もちろん、完璧ではありませんでした。たくさんの間違いもしました。イライラした生徒たちが去ってしまったこともありましたが、私たちは二つの規則を掲げてプロジェクトに取り組み続けました。

❶間違いは許される。それが、私たちの学ぶ方法だから。
❷誰もがアーティストであり、誰もが声を出すチャンスがある。

四時間後、私たちは「いいスタートが切れた」と確信しました。とはいえ、後片づけを終えて家路に就いたときは、月曜日の朝までにこれが落書きでまた覆われてしまうのではないかととても心配でした。言うまでもなく、その危険があったと思います。

しかし、誰も壁画に触りませんでした。落書きアーティストたちは、学校のほかの場所には描き続けましたが、生徒たちの「創造力」と「声のエネルギー」が込められた壁画には何も描かなかったのです。

私たちは二か月にわたって壁画を描き続けました。うっかりして、歩道の一部を塗ってしまったこともありました。私たちに、養生《ようじょう》テープ(13)を使うという発想がなかったからです。

壁画には、誰も触りませんでした。夏の間中、壁画は自分たちのコミュニティーの象徴である

---

(12)　レイアウトの方法の一つです。フリー方式に対し、定型的なデザインをする場合に使います。版面のなかにグリッド（格子）をつくり、本文やタイトル、図版などをグリッドに揃えて割り付ける方式で、本文の配置が均一になるだけでなく、左右のページの行位置を揃えることができます。http://www.designsatsu.com/yougo/2011/03/post-303.html

(13)　内装や外装をするときなどに、プロは塗ってはいけない部分にテープを貼ったり、布や段ボールなどを置いたりして保護することを言います。

かのように、地域住民が見られる状態にありました。翌年、私たちはさらに二つの壁画を描きました。プロジェクトとしてはじまったことが運動に成長したのです。

三年間で、私たちは五つの壁画を描きました。それは、私たちにおける誇りの源泉にまでなりました。近くの小学校に通う子どもたちがそれらの壁画の前で止まり、じっくりと絵を観察する様子を見るのが私は好きでした。お母さんが子どもたちに、「もうすぐしたら、あなたたちも描けるのよ」と言っていました。

しかし、三年目の終わり、校長が交代したことによってすべてが変わりました。春休み後に学校へ行くと、壁が真っ白になっていました。公式の理由としては、これらの壁画は「素人的すぎる」ということです。また、私たちの学校が中学校から小中一貫校になるのを契機に「新しいスタート」が必要だ、ということもあったようです。

「いったい何のために努力してきたの？」と、男子生徒が泣きながら私に問いかけました。

「ひょっとしたら、私たちは……」

「嫌です！　スペンサー先生、ほかのものは描きたくないんです。自分のブログを非公開にします。人の悪口を書き込む人がいつ現れるか分からないから。もう、自分の作品を共有することはやめます」

私は、彼の目を見て次のように言いました。

**「そんなことで逃げおおせませんよ。あなたが発表しようとしていることは大切なことなんです。もし、それを言わないという選択をしてしまったら、あなたは自分の創造性を発揮する機会を自ら奪ってしまうことになるのです」**

その日の午後、車で帰宅途中に、私が八年生だったときに、スムート先生が同じ言葉を言っていたことを思い出して感動しました。そして、気づいたのです。壁画プロジェクトの真のパワーは、生徒たちをエンパワーしたことにあったのだ、と。彼らは学びのオウナーシップをもっていたので、すでに変化していたのです。

プロジェクトは、現れては消えるものです。テクノロジーも変わります。アイディアも、流行になったり、流行遅れになったりします。そして、壁画を真っ白に塗ってしまう人も現れるのです。

すべてのアートは、ある意味で一時的なものです。しかし、奪い去れない何かがあります。それは、生徒たちが自分のことをつくり手として成長するときのマインドセットです。それが起こるとき、彼らの生き方が変わります。世界が変わり、彼らの世界はよくなるのです。

## イノベーションへのお誘い

本書では、以下のようなことをテーマにして、あなたをお誘いしました。
あなたも、ぜひ挑戦してみてください。

・規則の書き直し。
・現状を打破する。
・生徒が学びのオウナーシップをもてるようにする。
・世界を変える。

育てる教え方・学び方【実践編】』新評論、2014年
・プロジェクト・ワークショップ編『増補版　作家の時間――「書く」ことが好きになる教え方・学び方【実践編】』新評論、2018年
・Martinez, Sylvia Libow ほか『作ることで学ぶ――Maker を育てる新しい教育のメソッド』阿部和広ほか訳、オライリージャパン、2015年
・メイソン、ジョンほか『教科書では学べない数学的思考――「ウーン」と「アハ！」から学ぶ』吉田新一郎訳、新評論、2019年
・吉田新一郎『会議の技法――チームワークからひらく発想の新次元』中公新書、2000年
・吉田新一郎『テストだけでは測れない！――人を伸ばす「評価」とは』日本放送協会（生活人新書）2006年（絶版）
・吉田新一郎『読み聞かせは魔法！』明治図書、2018年
・吉田新一郎ほか『シンプルな方法で学校は変わる――自分たちに合ったやり方を見つけて学校に変化を起こそう』みくに出版、2019年
・レント、リリア・コセット『教科書をハックする』白鳥信義ほか訳、新評論、2020年
・ロススタイン、ダンほか『たった一つを変えるだけ――クラスも教師も自立する「質問づくり」』吉田新一郎訳、新評論、2015年

## 訳注で紹介した本


・ウィギンズ、グラントほか『理解をもたらすカリキュラム設計』西岡加名恵訳、日本標準、2012年
・ウィルソン、ジェニほか『増補版「考える力」はこうしてつける』吉田新一郎訳、新評論、2018年
・エンダーソン、マイク『教育のプロがすすめる選択する学び』吉田新一郎訳、新評論、2019年
・カルキンズ、ルーシー『リーディング・ワークショップ』(吉田新一郎・小坂敦子訳、新評論、2010年
・クーロス、ジョージ『教育のプロがすすめるイノベーション』白鳥信義・吉田新一郎訳、新評論、2019年
・サックシュタイン、スター『成績をハックする――評価を学びにいかす10の方法』高橋裕人ほか訳、新評論、2018年
・サックシュタイン、スターほか『宿題をハックする――学校外でも学びを促進する10の方法』高瀬裕人ほか訳、新評論、2019年
・ジョンストン、ピーター『オープニングマインド――子どもの心をひらく授業』吉田新一郎訳、新評論、2019年
・トープ、リンダほか『PBL――学びの可能性をひらく授業づくり：日常生活の問題から確かな学力を育成する』伊藤通子ほか訳、北大路書房、2007年
・トムリンソン、キャロル『ようこそ、一人ひとりをいかす教室へ』山崎敬人ほか訳、北大路書房、2017年
・トムリンソン、キャロルほか『一人ひとりをいかす評価――学び方・教え方を問い直す』山本隆春ほか訳、北大路書房、2018年
・ピアス、チャールズ『だれもが〈科学者〉になれる！――探究力を育む理科の授業』門倉正美ほか訳、新評論、2020年
・フィッシャー、ダグラスほか『「学びの責任」は誰にあるのか――「責任の移行モデル」で授業が変わる』吉田新一郎訳、新評論、2017年
・フレッチャー、ラルフほか『ライティング・ワークショップ――「書く」ことが好きになる教え方・学び方』小坂敦子ほか訳、新評論、2007年（絶版）
・プロジェクト・ワークショップ編『読書家の時間――自立した読み手を

for Emotional Intelligence and the Born This Way Foundation, referenced in this article: "Students Unhappy in School, Survey Finds," *Inside Health News*. (n.d.). Retrieved May 26, 2017, from blogs.webmd.com/breakingnews/2015/10/students-unhappy-in-school-survey-finds.html.

(10) Dale Carnegie quote from his wildly popular book (which we recommend) titled, *How to Win Friends and Influence People*.（『人を動かす』D・カーネギー著で多数の出版社から出ている）In Wikipedia. Retrieved May 26, 2017, from en.wikipedia.org/wiki/How_to_Win_Friends_and_Influence_People.

(11) Gawande, Atul, *The Checklist Manifesto: How to Get Things Right* (New York, NY: Henry Holt, 2011) p.184.『アナタはなぜチェックリストを使わないのか？』吉田竜訳、晋遊舎、2011年、引用は、211ページ。

(12) Catmull, Ed. *Creativity, Inc.* New York: Random House, 2014.『ピクサー流創造するちから――小さな可能性から、大きな価値を生み出す方法』エド・キャットムル＆エイミー・ワラス著、石原薫訳、ダイヤモンド社、2014年、引用は、134ページ。

(13) https://georgecouros.ca/blog/archives/tag/failure

(14) Amazing commitment and persistence video of skateboarder shared on Michael Babich, Retrieved May 26, 2017, from youtube.com/watch?v=zVrtp3rUS3s&feature=youtu.be.

(15) Learn more about "the myth of average" from Todd Rose in his book *The End of Average*（『平均思考は捨てなさい：出る杭を伸ばす個の科学』トッド・ローズ著、小坂恵理訳、早川書房、2017年）and his TEDx Talk on the subject: "The Myth of Average: Todd Rose at TEDxSonomaCounty." Retrieved May 26, 2017, from youtube.com/watch?v=4eBmyttcfU4.

(16) Check out Donald Miller's free eBook, *How to Tell a Story*, Retrieved Dec. 1, 2019, from https://sethsphd.files.wordpress.com/2014/07/how-to-tell-a-story.pdf.

(17) Joseph Campbell's "The Hero's Journey" inspired us as teachers and is still relevant today.: In Wikipedia. Retrieved May 26, 2017, from en.wikipedia.org/wiki/Hero%27s_journey.

# 原注一覧

（1）Couros, G. (2015, August 18). "Hard Work is No Guarantee of Success." Retrieved May 26, 2017, from georgecouros.ca/blog/archives/5494.

（2）A quote by Steve Jobs. (n.d.). Retrieved May 26, 2017, from goodreads.com/quotes/936174-because-the-people-who-arecrazyenough-to-think-they.

（3）Average hours spent in school per day in the United States as reported by the National Center for Education Statistics: Schools and Staffing Survey (SASS). (n.d.). Retrieved May 26,2017, from nces.ed.gov/surveys/sass/tables/sass0708_035_s1s.asp.

（4）Friedman, T. L. "How to Get a Job at Google." *New York Times*. February 22, 2014. Retrieved May 26, 2017, from nytimes.com/2014/02/23/opinion/sunday/friedman-how-toget-a-job-at-google.html.

（5）Bill Ferriter's article explaining difference between engagement and empowerment: Ferriter, W. (2014, January 28). "Should We Be Engaging OR Empowering Learners?" Retrieved May 26, 2017, from blog.williamferriter.com/2014/01/28/should-we-be-engaging-or-empoweringlearners.

（6）Phil Schlechty's Levels of Engagement as shared through the Schlechty Center: Schlechty, P. (n.d.). Tools. Retrieved May 26,2017, from schlechtycenter.org/tools/.

（7）The Story of Louis Braille: Louis Braille. (n.d.) (2017, May 22). In Wikipedia. Retrieved May 26, 2017, from en.wikipedia.org/wiki/Louis_Braille.

（8）"The Toffler Legacy," Toffler Associates, tofflerassociates.com/about/the-toffler-legacy/?fa=galleryquotes.（The illiterate of the twenty-first century will not be those who cannot read and write, but those who cannot learn, unlearn, and relearn.）

（9）National survey on students stressed out and bored. The survey, called Emotion Revolution, is a joint effort between the Yale Center

## 訳者紹介

**吉田新一郎**（よしだ・しんいちろう）
本書は『教育のプロがすすめるイノベーション』の続編的な本として最高と判断して選びました。『イノベーション』には具体的な授業レベルでの事例があまり多くなかったのに対して、生徒をエンパワーすることをテーマにした具体例（＝授業をよくするための鍵となるポイント）が本書は豊富に提供してくれているからです。教師のスタンスや「あり方」や生徒たちとの接し方なども、いいストーリーを通してたくさん紹介されているのは『イノベーション』と同じです。
疑問・質問等は、pro.workshop@gmail.com宛へお願いします。

## 翻訳協力者

井久保大介、大関健道、佐藤幸子、高見佐知、長谷川園子



あなたの授業が子どもと世界を変える
—エンパワーメントのチカラ—

2020年3月30日　初版第1刷発行

訳　者　吉　田　新　一　郎
発行者　武　市　一　幸

発行所　株式会社　新　評　論

〒169-0051
東京都新宿区西早稲田3-16-28
http://www.shinhyoron.co.jp

電話　03(3202)7391
FAX　03(3202)5832
振替・00160-1-113487

落丁・乱丁はお取り替えします。
定価はカバーに表示してあります。

印刷　フォレスト
装丁　山田英春
製本　中永製本所





Printed in Japan
ISBN978-4-7948-1148-6

## 新評論　好評既刊　　あたらしい教育を考える本

S・サックシュタイン+C・ハミルトン／高瀬裕人・吉田新一郎 訳

### 宿題をハックする

学校外でも学びを促進する 10 の方法

**シュクダイと聞いただけで落ち込む…そんな思い出にさよなら！**
**教師も子どもも笑顔になる宿題で、学びの意味をとりもどそう。**

四六並製　304 頁　2400 円　　ISBN978-4-7948-1122-6

S・サックシュタイン／高瀬裕人・吉田新一郎 訳

### 成績をハックする

評価を学びにいかす 10 の方法

**成績なんて、百害あって一利なし!?「評価」や「教育」の概念を**
**根底から見直し、「自立した学び手」を育てるための実践ガイド。**

四六並製　240 頁　2000 円　　ISBN978-4-7948-1095-3

ダン・ロススタイン+ルース・サンタナ／吉田新一郎 訳

### たった一つを変えるだけ

クラスも教師も自立する「質問づくり」

**質問をすることは、人間がもっている最も重要な知的ツール。**
**大切な質問づくりのスキルが容易に身につけられる方法を紹介！**

四六並製　292 頁　2400 円　　ISBN978-4-7948-1016-8

マイク・エンダーソン／吉田新一郎 訳

### 教育のプロがすすめる選択する学び

教師の指導も、生徒の意欲も向上!

**能動的な学び手（アクティブ・ラーナー）を育てるには、「選択肢」が**
**重要かつ効果的！「自分の学びを自分で選ぶ」ことから始まる授業革新。**

四六並製　348 頁　2500 円　　ISBN978-4-7948-1127-1

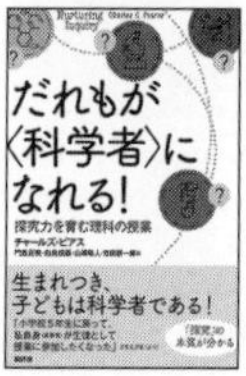


チャールズ・ピアス／門倉正美・白鳥信義・山崎敬人・吉田新一郎 訳

### だれもが〈科学者〉になれる！

探究力を育む理科の授業

**決まった問いと答えを押しつける教育はもうやめよう！**
**1 年を通じてワクワクできる理科授業づくりの秘訣満載。**

四六並製　320 頁　2400 円　　ISBN978-4-7948-1143-1

＊表示価格はすべて税抜本体価格です